꽃보다
향기로운 날들

K-플라워 시대를 여는 화원 성공백서

꽃보다
향기로운 날들

"열혈간호사,
플로리스트로
다른 세상을
열다!"

매일경제신문사

여름날 긴 단잠을 자고 난 것 같다. 세상은 여전히 그대로, 시간의 흐름을 알 수 없게 돌아간다. 몇 년 전 과거에서 타임머신을 타고 지금의 삶으로 날아온 것만 같다.

이 책을 쓰며 지나온 삶을 세심히 돌아보게 되었다. 기억의 저편에 숨어 있던 작은 이야기들까지 내 삶을 돌아보는 것은 과거로의 여행을 다녀온 것 같은 신비로운 경험이었다. 많은 것이 정리되었다. 긴 터널을 빠져나온 것도 같고, 숨찰 정도로 오르기 어려운 큰 산을 넘어온 것도 같다. 나는 충분히 회복되었고 몸과 마음이 건강해져 행복한 꽃집의 일상을 살고 있다.

지나는 산책길에 들르던 꽃가게가 꽃수다로 정겨운 놀이공간이 되었다. 국비로 지원하는 프로그램에 선정되어 봄부터 동네 주민을 위한 꽃강좌가 열렸다. 모두 산으로, 들로 놀러 나가는 시기에 수강생 모집이 과연 될까 싶었지만, 어느새 정원을 넘겼다. 이렇게 꽃수업을 원하는 사람들이 많은 줄 몰랐다.

 꽃보다 향기로운 날들

모두 피로한 일상에 꽃을 만지며 가질 수 있는 여유를 간절히 원하고 있었다. 정년을 향해가는 직장인부터 육아에 지친 이들과 일주일을 꽉 차게 사는 나에게도 토요강좌는 소소한 행복이고 기다려지는 즐거움이 되었다.

우리는 우리의 삶 속에서 바람에 흔들리는 풍경처럼 살아가고 있다. 모두가 꽃인데 늘 누군가의 그 무엇으로 배경이 되어 살아간다. 꽃을 만지며 자기만의 시간을 보내며 삶의 여백을 찾아가는 수강생들과의 만남은 오늘도 나를 설레게 한다. 행복을 그려나가는 삶의 주인공으로 우리는 함께 한 걸음씩 나아가고 있다.

비워내는 마음의 여백에 사랑으로 가득 채우며 인생의 흐름 속에 온몸을 맡긴다. 나를 가장 좋은 곳으로 이끌 내 안의 나를 기대한다.

강좌 중반에 수업을 마친 수강생들이 긴 후기를 올려주었다.

세 아이의 엄마로 직장을 다니며 받는 스트레스를 꽃수업을 하면서 힐링을 받고 있다. 취미가 같은 사람들과 소통의 시간도 즐겁고, 만들어진 꽃을 집에 가져가서 보는 순간도 힐링이 되었다. 나 자신을 위해 투자하는 시간과 오직 나만의 작품을 볼 때 느껴지는 성취감도 좋았다.

– 수강생 최은경

플라워 공예 수업은 온전히 나에게 집중할 수 있는 시간이었기에 더욱 설레고 행복했다. 꽃을 직접 만져보고 작품을 만들어가는 과정에서 그동안 돌보지 못한 나의 내면도 함께 가꾸는 소중한 경험이었다. 작가님의 꽃에 대한 사랑이 그대로 녹여진 수업을 받으면서 꽃과 함께 나 자신을 사랑하는 방법을 찾을 수 있었다.

– 수강생 김미송

나는 꽃에 별로 관심이 없었다. 직장에 다니며 두 아들을 키우느라 꽃 같은 낭만적인 것에 매력을 느낄 여유가 없었다. 결혼기념일에 남편이 꽃다발을 사 왔던 적이 있었는데, 며칠 뒤 허망하게 시드는 것을 보고 다음부터는 꽃 살 돈으로 한 푼이라도 아껴 은행 이자를 갚자고 했던 기억이 있다. 나는 꽃집에서 꽃을 사서 선물하는 것, 혹은 아이들 졸업식에 풍성한 꽃다발을 들고 가는 것은 합리적 소비가 아니라고 생각했다. 이번 강습 또한 꽃이 좋아 꽃에 끌려 신청한 것이 아니라 직장 내에서 필요할 것 같아서였다. 나는 호스피스 환자를 간호하는 간호사다. 내가 돌보는 환자와 가족에게 '꽃꽂이 요법으로 잠시라도 마음의 위안을 드릴 수 있을까?' 싶은 마음에 배우려고 했다. 나는 첫 수업부터 힘들었다. 강습받는 학생들이 꽃을 보며 감탄할 때, 나는 '그냥 꽃인데'라는 생각이 들고, 그저 빨리 끝나서 자격증이나 받았으면 했다. 어느새 다섯 번째 강의 날이 되었다. 꽃을 바라보는 사이, '꽃이 이쁘다. 마음이 평화로워지네. 이 꽃을 어디에 배치할까?' 하고 몰입되는 나를 발견했다. 이 상황이 그저 신기했다. 환자를 위로하기 위해 시작한 꽃수업이었는데 내 마음에 먼저 변화가 생겼다. 조용하고 차분하게 알려주시는 강사님 목소리와 사람꽃 농원 내 가득한 식물들, 소박한 장식들, 그리고 진지하게 강의를 들으며 꽃에 감탄하는 중년의 학생들 덕분에 이제는 다음 강의 시간이 너무나 기다려진다.

– 수강생 김지연

정신없는 일상 속에 꽃수업은 여름 단비 같았다. 꽃을 다듬는 손질부터 꽃잎을 한 잎 두 잎 떼어내면서 느끼는 촉감까지 나를 설레게 했다. 새로운 영역을 배우게 되어 너무 행복하고 플로리스트 자격증도 도전해볼까 용기도 생겨났다. 좋은 분들과 함께하는 이 시간이 나에게 선물처럼 느껴진다.

– 수강생 김옥남

꽃보다 향기로운 날들

일상의 지침과 고단함으로 몸과 마음이 힘들 때 남편이 사다 주던 꽃 한 송이는 삶의 활력이 되고 미소를 짓게 했다. 그러던 어느 날, 남편과 함께 찾은 화원에서 플라워공예 수업이 있다는 것을 알고 남편이 적극적으로 추천했다. 결론적으로는 남편에게 정말 고맙다. 왜냐하면 매주 토요일이 기대되고 행복해지기 때문이다. 창의력과 센스는 없지만, 꽃과 식물을 가르쳐주신 대로 손질하고 꽃도 꽂아보고 가위질도 하면 가슴이 설레고 그 향기는 나의 마음마저 치료하고 있었다. 같이 수업 듣는 분들과 소통을 하는 과정도 즐겁고, 강사님의 예쁜 눈웃음은 수업을 더욱 즐겁게 한다. 오늘은 화기꽃이로 예쁜 꽃들이 너무 많아 손과 눈이 참 바빴다. 서로 자기들로 채워달라며 화병 속으로 풍덩거렸기 때문이다. 나는 예쁜 꽃을 보는 것만으로도 힐링이 되는데, 정작 우리집 남자들은 시큰둥하다. 그래도 곁눈질로 살짝 보이는 미소는 참 귀여웠다. 이사 와서 집 앞에 이렇게 행복을 주고받는 곳이 있고, 꽃과 사람이 함께 소통하며 행복해질 수 있다는 것이 참 감사하다. 이 글을 쓰는 순간에도 강사님의 기분 좋은 행복한 웃음소리가 허공에서 춤을 추는 것 같다.

– 수강생 **박선우**

요양원에서 복지사로 일요일마다 근무해야 하는 나는 매주 토요일이 되면 굉장히 바쁘다. 일찍 일어나 호숫가를 산책하며 몸과 마음의 건강을 챙기고, 장도 보고, 날씨가 좋으니 밀린 빨래와 청소도 하고 모처럼 요리도 한다. 요양원에 모신 어머니를 찾아뵙는 날도 토요일이다. 그런데 평소 잘 알던 김영미 강사님이 하필이면 토요일에 꽃꽂이 수업을 열었다. 잠시 망설였지만 일단 첫차를 잡아타기로 했다. 수업에 참여하면서 나의 토요일은 빅토리아, 마리골드, 쥐똥나무 등 내 일상으로 들어온 귀한 꽃들과 함께 시작하게 되었다. 꽃을 사랑해서 모인 소녀 감성의 수강생들도 이름을 불러줌으로써 서로에게 의미 있는 존재가 되어간다. 강사님이 마련해주신 텃밭에 우리는 각양각색으로 꽃밭을 만들어가고 있다. 꽃을 다루기 위해 모였지만 우리 자신이 삶의 주인공이자 꽃같이 아름다운 존재임을 깨달아가는 과정 같다. 겨우 5주 차 수업만으로 이런 경지에 이르렀으니 앞으로의 수업이 더욱 기다려진다. 이제 일요일에는 꽃향기 솔솔 날리며 꽃처럼 귀한 어르신들을 만나러 출근한다. 마음가짐부터가 달라졌다. 틀에 박힌 일상에서 벗어나 꽃과 존재와 자유를 만끽하게 해준 강사님의 배려에 감사를 드린다.

– 수강생 **김완진**

차 례

1장

작은 꽃가게에서
행복을 배우다

01
행복은
천천히 오는 것

지나간 나의 삶을 돌아본다. 어린 시절, 가난은 내 삶의 일부인 듯 일상이었다. 다른 삶도, 더 나은 삶도 생각하지 못하고 살았던 것 같다.

우리 집은 전주의 변두리 동네에 있었다. 가난한 사람들이 모여 사는 곳이었다. 그중 동네의 몇 안 되는 초가집이 우리 집이었다. 방 한 칸에 세 들어 사는데, 온 가족이 벽 끝까지 작은 틈도 없이 빼곡히 누워서 자야 했다. 자다가 깨서 화장실이라도 가려고 하면, 어두워서 잘 보이지 않아 가족 중 누군가를 모르고 밟아 온 가족이 다 깨기도 했다. 그 후 우리는 동네 노인정에서 살게 되었다. 낮에는 동네 어른들로 북적이고, 어르신들이 집으로 돌아간 후에야 비로소 우리 집이 되는 그런 곳이었다.

초등학교 6학년 수업 시간에 자신이 사는 집의 설계도를 그리는 숙제가 있었다. 나는 그때 노인정의 구조를 설계도에 그렸고, 숙제를 잘한 아이 명단에 이름을 올리게 되었다. 선생님은 자기 집 설계도를 잘 그린 다섯 명에게 이번에는 미래에 살고 싶은 집의 그림과 설계도를 그려오라고 숙제를 내셨다.

그때 내가 그렸던 설계도는 첫 번째 것과 큰 차이가 없었다. 노인정 집은 초가집 단칸방과 비교할 때 나에게 너무 좋은 공간으로 생각되었기 때문이었다. 그때 나는 방이 한두 개쯤 더 있는, 아마 지금 내가 사는 집 구조 정도로 그렸던 것 같다. 꿈을 크게 가지지 않아서 지금껏 내가 이렇게 평범하게 살아가는 것 같다는 생각이 든다.

그때 숙제로 제출한 한 아이의 집 설계도는 지금 생각해도 놀랍다. 그 그림이 생생히 떠오른다. 드넓은 대지 위에 수십 개의 방이 있는 대저택을 그려온 것이었다. 나는 한참 동안 물끄러미 그 그림을 바라보았었다. 그런 집은 나로서는 상상도 못하는 것이었다.

꿈을 이야기할 때면 나는 어린 시절의 이 설계도 그림이 떠오른다. 얼굴도 생각나지 않는 그 친구는 지금 그런 멋진 집에서 살고 있을까.

꽃보다 향기로운 날들

나의 유년기는 가난했다. 아버지가 동네 일들을 도와주며 근근이 살았다. 손재주가 많으셨던 아버지는 썰매나 팽이, 연 등을 가게에서 파는 것보다도 더 잘 만드셨다. 아버지는 내가 무엇이 필요한지 들여다보시곤 연필도 깎아주셨다. 나의 유년기는 좋았던 기억으로 가득하다. 아버지는 특히 막내인 나를 예뻐하셨다. 아버지의 자전거 뒤에 타고 집으로 가는 길은 하늘로 날아가는 것 같은 기분이었다.

유교적인 집안에 시집온 엄마는 어려운 형편에 한 달에 한 번 꼴로 제사 준비를 하셨고, 종중 집안의 크고 작은 일들도 도맡아 하셨다. 아버지는 엄마가 교회 가는 것을 반대하셨다고 한다. 아버지 영향으로 가족 중 아무도 교회에 가지 못했는데, 막내인 나는 혼자 교회에 다녔다.

땅바닥에 앉아서 하는 공기놀이가 전부인 무료한 일상에 교회의 다양한 활동들은 나에게 새로운 세상이었다. 교회에서는 노래하고 춤추고 연극도 했다. 어린 내가 30분 이상 걸어서 가야 할 먼 거리의 교회였다. 어느 날, 주일학교 여름성경학교가 한밤중에 마쳤을 때, 깜깜한 밤 교회 문 앞을 나오자 아버지가 땅에 붙을 것 같이 작았던 나를 번쩍 들어 올려서 자전거에 싣고 집으로 돌아간 기억이 있다.

아버지는 술을 많이 드셔서 엄마를 힘들게 해도 막내인 나에게만은 전적인 지지를 해주셨다. 그런 아버지가 갑자기 돌아가셨을 때 나는 세상에 혼자 버려진 것 같았다.

그날은 중학교 1학년 가을 소풍날이었다. 나는 이른 아침부터 소풍 준비에 들떠서 서둘러 간장에 밥을 비벼 먹고 있었다. 그때, 문간에 있던 나는 아버지의 마지막 거친 숨소리를 들었다.

"엄마, 아버지 숨소리가 이상해."

엄마와 언니, 내가 셋이서 아버지의 마지막 임종을 지켜보았다. 지금 생각해보니 심근경색이었던 것 같다. 밤새 가슴이 답답하다고 하셨으니….

아버지 없는 들판 한가운데 있는 노인정 집은 너무 넓고 무섭기만 했다. 엄마는 새벽부터 일터에 나가고 언니, 오빠들도 밤늦게 돌아오는 아무도 없는 집 안에 저녁이면 혼자서 불을 피우며 무서움을 견뎌야 했다.

중학교 3학년 어느 날, 가난한 학생에게 주는 장학금을 전교생 앞에서 대표로 받았다. 학교에서 평소 밝고 쾌활한 나였는데, 한참 예민한 시기에 가난함의 대표주자로 나선 그날, 나는 가난한 내가 너무나도 부끄러웠다. 가난이 내 잘못도 아닌데도 말이다. 가지고 싶은 것을 가질 수 없는 결핍보다도 전체에서 분리된 듯 불쌍하게 바라보는 시선이 나에게 더 깊은 상처로 남은 것 같다.

꽃집을 하면서 지역 봉사 단체와 함께 입학식 하는 초·중·고 학생들에게 매년 장학금을 주는 봉사를 수년째 하고 있다. 나는 장학금을 줄 때 아이들이 친구들 앞에 서는 일이 없게 조용히 전달해달라고 한다.

7남매인 우리 집 형제들은 제대로 된 교육을 받지 못했다. 언니, 오빠들은 중학교를 졸업하고 돈을 벌기 위해 공장이나 일터로 떠났다. 누구의 도움 없이 스스로 살아나가야 했기에 대학은 꿈도 꿀 수 없었다. 고등학교 3년 내내 친구들이 오직 대학 입시만을 위해 공부하는 환경에서 나는 삶의 방향을 잡지 못하고 공허한 고교 시절을 보냈다.

고등학교를 졸업하고 나는 수원에 사는 언니 집에 올라왔다. 언니의 소개로 수원의 작은 회사의 경리사원으로 일하게 되었다. 직장 일은 특별한 것 없고 전화만 기다리는 일이었다. 너무 무료하고 재미없었다. 나는 그때 심한 우울증세로 몇 달 만에 몸무게가 8kg이나 빠졌고, 어느 날은 이유도 모른 채 울고 있는 나를 발견했다.

무언가 심각하다고 느낀 언니는 내가 도와줄 테니 이제라도 대학에 가라고 했다. 나는 언니의 그 말에 내가 원하는 것이 무엇인지, 내가 왜 힘들어하는지 알게 되었다. 그때 내가 정말 원하던 것은 또래 친구들처럼 학교에 다니고 공부하는 것이었던 것 같다. 언니의 말은 나를 살아나게 했다. 나는 일하면서 공부를 해서 이듬해에 대학에 진학할 수 있었다.

여전히 어려운 환경이지만, 나는 그제야 안정을 찾았다. 활력이 생겨났다. 공부하며 아르바이트하며 꽉 채워진 일상에 아무리 많은 일을 해도 힘이 들지 않았다.

내가 간호사가 된 것은 고2 때 수학을 좋아해서 이과반에 갔는데, 이과계열에 있는 직업군에서 간호학과가 눈에 띄었기 때문이다. 막연히 누군가에게 도움을 줄 수 있는 직업이 좋겠다고 생각했다.

나는 그날의 나의 바람대로 간호학과에 진학했고, 간호사가 되었다. 지금은 아니지만, 그 시절에는 머리에 흰색 캡을 쓰고 흰색 원피스를 입는 것이 기본이었다. 간호사에 대한 나의 직업 만족도는 굉장히 높았다. 나는 평생 간호사 일을 하면서 살 것이라 생각했다. 결혼 후 남편이 꽃집을 시작하기 전까지는 내가 다른 직업을 가지게 될 것이라고는 생각하지 못했다. 홀로 공부하며 일하며 어려움도 많았지만, 꿈을 생각할 수 없이 가난했던 어린 시절을 생각하면 나에겐 그 어떤 어려움도 그렇게 어렵게 느껴지지 않았다.

지나온 시간이 지금의 나를 만들었기에 아팠던 작은 추억조차 소중하고 감사하다. 내 삶을 돌아보고 나를 바라보니 삶의 순간순간을 견딘 모습이 대견해 나를 위로하게 된다.

누구나 위로받아야 하는 그런 순간들이 찾아온다. 그럴 때, 내가 먼저 나를 위로하고 사랑해주자. 행복은 자신을 사랑하는 사람에게 천천히 강물처럼 흘러들어 온다.

02
비밀의
화원

꽃가게를 처음 시작할 때, 나는 당시 유명했던 '총각네 야채가게' 성공 스토리를 읽었다.

"그래 우리도 신화를 한번 만들어보는 거야" 하며 두 주먹 불끈 쥐고 용감하게 시작했다. 각종 자격증으로 화려한 경력을 가진 나와 명문대를 나온 성실한 남편, 우리 부부는 "우리가 큰 트럭도 운전할 수 있는데, 못할 일이 뭐가 있겠어?" 하며 멋지게 꽃가게를 잘 운영해보리라 다짐했다.

밤이면 종이 위에 그날 사 온 식물 이름을 '누가 더 많이 알고 있나' 적어가며 놀이하듯 공부했다. 체력도 좋아야 할 것 같아서 나는 아이들이 잠든 새벽 시간에 수영을 하고, 남편은 낮에 운동 시간을 꼭 챙겨가며 활기차게 일했다.

 꽃보다 향기로운 날들

꽃이 주는 화려함과 싱그러움을 유지하기 위해서는 보이지 않는 수고와 노력이 많이 필요하다. 때에 맞춰 알맞게 물을 공급해주고 빛을 보게 해주며 영양을 주고, 무엇보다 정성을 기울여야 한다. 하지만 그 좋은 상태는 실상 매우 짧다. 조금만 환경이 달라져도 시들고 변해서 상품성이 떨어진다. 꽃의 화려한 순간을 위해 나는 온종일 흙더미에서 고군분투했다.

처음에는 생각보다 높은 매출에 우리가 나름대로 장사를 잘하고 있다고 생각했다. 꽃의 이런 특성을 모르고 매출이 높으니 잘하고 있다고 생각했던 것이다. 그런데 과일이나 채소와 같이 꽃도 생물인지라, 판매량이 많아 보여도 상해서 버리는 것도 많았다. 그 결과, 매일같이 열심히 일했지만 돌아보면 남는 것이 없었다. 부푼 꿈과 열정을 가지고 시작했지만, 열정만으로 무언가를 이루기엔 세상 물정 모르는 어린아이와 같았다.

우리의 첫 꽃집은 길가 비닐하우스 과일가게에 얻었다. 과일가게의 한쪽 공간을 꽃집으로 꾸미서 시작했는데, 나의 퇴직금과 여유자금이 모두 들어갔다. 그 허름한 공간에 멋진 자갈을 깔고 비싼 화분들로 진열해놓았다. 아무런 준비 없이 시작부터 했기에 일하는 틈틈이 창업 과정과 꽃꽂이를 배우고 있었다.

시작한 지 6개월 정도 되었을 때 과일가게 여사장이 갑자기 사라졌다. 몸이 좋지 않은 자신의 남편을 두고 돈을 모두 챙겨서 떠났다고 했다. 그때 여사장은 과일가게 사장과는 법적인 부부가 아닌 동거인임을 알았고, 우리 보증금과 주변의 여러 사람에게 빌린 돈, 심지어 동거인이었던 과일가게 사장의 돈까지 모두 가지고 떠났다고 했다. 그동안 직장생활을 하며 모아온 나의 전부와도 같은 돈이 6개월 만에 사라지고 만 것이다.

너무나도 빠르게 진행된 나의 시작과 실패였다. 0에서부터 다시 시작해야 하는 나는 비로소 울타리가 없는 사회에 첫발을 내딛는 혹독한 신고식을 치렀던 것이다. 세상이 무섭고 어찌해야 할지 몰라 눈앞이 캄캄했다. 그해 겨울은 유난히도 스산하고 추웠다.

세월이 지나 나는 전국트랜드리더스클럽에서 꽃 트렌드를 주제로 강의를 했다. 전국 꽃집 대표들이 모여 새로운 트렌드를 연구하고 공유하는 수업인데, 열정 가득한 젊은 대표부터 나와 같은 오래된 플로리스트까지 총 60여 명이 모였다. 끝없는 배움의 열기로 강의장은 뜨거웠다.

"저는 요즘 행복을 배우고 있습니다."

강의에서 나는 요즘 내가 플로리스트로서 갖게 된 특별한 철학을 소개했다. 꽃을 파는 일은 단순히 돈을 버는 일이 아니라 나에게 만족감을 주고 행복을 주는 일이다. 그렇기에 나는 남편을 떠나보낸 힘든 시간을 참아낼 수 있었고, 다시 힘을 얻어 일어설 수 있었다.

나는 강연 중에 "우리 플로리스트는 행복을 파는 사람이지요?"라고 질문했다. 강의장에 있던 꽃집 대표들은 열정 가득한 눈가에 웃음을 묻히고서 저마다 무언가 행복한 사연을 꺼내는 듯 따뜻한 표정이었다. 저마다 꽃을 팔면서 배운 행복감을 떠올리고 있었을 것이다. 마침 옆에서 함께 강의한 횡성 예쁜꽃방 대표는 최근 횡성 한우 축제에 포토존 장식을 했는데, 사람들이 줄을 서서 사진을 찍느라 그야말로 인산인해를 이루었다고 했다. 행사를 기획한 담당자로부터 축제를 화려하게 빛내주어서 감사하다고 전화가 왔을 때, 너무너무 행복했노라고, 장식하면서 힘든 모든 노고가 싹 사라지는 순간이었다고 말했다. 맞다. 많은 사람을 행복하게 하는 플로리스트는 참으로 행복한 직업이라며, 우리 모두는 행복해했다.

내가 하는 일로 나도 행복하고, 또 다른 사람에게 행복을 준다는 것은 참으로 매력적이지 않을 수 없다. 사람들은 내가 꽃집을 한다고 말하면 우아하게 차려입고 커피를 들고 앉아 있는 모습을 떠올린다. 한가하게 꽃을 보며 살 수 있으니 너무 좋겠다고 말한다. 누구나 한 번쯤 꿈꾸어왔던 여자들의 로망이라며 부럽다고 한다. 그러나 내가 3~4시간씩밖에 잠을 못 자면서 모두가 잠든 새벽부터 분주히 일하고 공부하며 노력하는 것을 안다면 그런 말은 못 할 것이다.

힘든 여정을 잘 견딘 날들이 쌓여서 결과물이 나오고 기적 같은 일들이 나타난다. 비바람을 견딘 나무가 단단해지고 좋은 열매를 맺듯이 지나온 힘겨운 날들은 나의 좋은 자양분이 되었다.

월트 디즈니(Walt Disney)는 "우리가 파는 것은 행복이다"라고 했고, 성공한 어느 유대인도 "내가 좋아하고 행복해했던 것을 다른 사람에게 팔았다"라고 말했다. 나의 경우에는 꽃가게에 오는 손님들이 웃으며 행복감에 젖어서 나가는 것을 볼 때, '아, 내가 행복을 팔고 있구나' 하는 생각을 하곤 한다. 그날의 수고로움은 그 순간 모두 사라진다. 어느 때보다도 내가 가장 행복한 순간이다.

누군가 "지금 행복하냐?"라고 묻는다면, 사람들은 '나는 과연 행복한가?' 하며 온갖 행복하지 못한 것들을 떠올린다. 누구나 힘든 현실 속에서 고뇌하고 좌절하며 막중한 스트레스를 가

꽃보다 향기로운 날들

지고 있으며, 미래에 대해 불안해한다. 그들은 자신이 행복과 거리가 멀다고 생각한다. 우리의 감정은 만들어진 오래된 습관처럼 미래를 바라보는 눈을 가린다.

그러나 사람은 누구나 행복해질 수 있다. 나를 힘들게 하는 사회적인 불평등이나 부조리와 같은 외부적인 요인도 있겠지만, 행복은 나와 현실을 있는 그대로 인정하는 것에서 출발한다. 오래된 감정의 습관에서 밖으로 나와보자. 혹시 나를 힘들게 한 과거에 매어 살고 있다면, 그것을 저 멀리 우주 밖으로 던져버리고 내가 원하는 그림으로 새롭게 그려진 오늘을 살아보자. 내 삶의 주인공은 바로 나다. 행복은 누군가가 가져다주는 것이 아니라 내가 만들어가는 것이다.

작은 꽃가게를 열고 꽃과 함께한 시간이 20년이 지났다. 오래 하고 익숙해지다 보니 몸에 밴 습관만큼이나 꽃을 더 좋아하게 되었다. 꽃은 지난 어려움을 묵묵히 위로해주고 힘이 되어준다. 나를 행복하게 해준다.

나는 오늘도 새벽공기를 맞으며 가장 예쁜 꽃을 준비한다. 이 꽃은 누군가에게 잊지 못할 최고의 순간에 함께 있을 것이다.

꽃보다 향기로운 날들

03
사람이 꽃보다
아름답다

'강물 같은 노래를 품고 사는 사람은 알게 되지. 음 알게 되지.
   (중략)
   누가 뭐래도 사람이 꽃보다 아름다워. 이 모든 외로움 이겨
낸 바로 그 사람.'

1997년 어느 가을날 거리에서 노래가 흘러나오고 있다. 지금
은 안치환의 〈사람이 꽃보다 아름다워〉로 알려져 있지만, 처음
에는 꽃다지의 노래로 먼저 발표했다. 이 노래를 처음 들었던 그
날이 떠오른다. 수원의 종로 거리. 그곳은 예나 지금이나 늘 사
람들로 복잡하다. 수원화성은 유네스코에 등재된 이후 지금은
행궁을 찾은 관광객들로 붐비고 있지만, 예전에는 남문이 수원
상권의 중심이었기에 거리마다 사람들로 가득했다.

인도까지 즐비하게 늘어놓은 물건들과 물건을 파는 상인들, 그 사이를 지나는 사람들로 복잡한 틈바구니에서 노래가 흘러나온다. '처음 듣는 이 신선한 노래는 뭐지?' 길을 걷다가 걸음을 멈추고 노래가 끝날 때까지 들었다. 한 편의 공연을 보는 듯했다. 어느새 후렴부에서 결혼을 앞둔 남편과 나는 두 눈을 바라보며 두 손을 맞잡고 서로 웃고 있었다.

남편은 말했다.
"우리 결혼하면 가훈은 이걸로 하자. '사람이 꽃보다 아름다워'로!"
나도 좋다고 맞장구를 쳤다. 20대의 우리가 이 노래의 깊은 뜻을 이해했을까. 꽃도 모르면서 말이다.

나는 스무 살에 고향을 떠나 언니가 사는 수원에 올라왔다. 나는 대학에 다니는 동안 언니 집에서 살았는데, 그때 조카들은 세 살, 네 살 연년생이었다. 언니 집에는 방 한 칸, 부엌 한 칸, 부엌 위에 딸린 작은 다락방이 있었다. 한 사람만 겨우 누울 좁은 공간이었는데, 그 다락방을 정리해서 내 방으로 사용했다. 한밤중에 화장실을 가려고 내려올 때면 아이들이 깰까 봐 발뒤꿈치를 들고 걸었고, 고단하게 잠든 형부에게 미안한 마음에 굉장히 조심스러웠다. 나는 취업하자마자 서둘러 병원

꽃보다 향기로운 날들

앞에 작은 집을 얻어 언니 집에서 나오게 되었다. 그 후 5~6년을 병원 동료들과 함께 자취 생활을 했다.

나는 결혼으로 안정된 삶을 원했다. 오랜 자취 생활을 끝내고 싶었다. 그렇게 1998년, 우린 남편의 대학 졸업과 동시에 결혼을 했다. IMF가 터진 이듬해, 어수선한 사회 분위기 속에 소박하게 가정을 꾸렸다. 나는 종합병원 간호사로 일했고, 그때 대학을 졸업한 남편은 좋은 성적으로 여러 곳에 합격했지만, 모두 대기 발령이었다. IMF 구조조정이 본격화되면서 신규채용은 찾아볼 수 없었다.

나는 남편의 상황을 고려하지 않고 서둘러 결혼을 감행했다. 취업이 되지 않았지만 내가 잘 벌고 있었으니 문제될 것이 없다고 생각했다. 사실 남편은 내가 하고자 하는 대로 했지만, 우리나라 사회통념상 직장도 없이 결혼하는 것에 대한 시선이 매우 부담스럽고 불편했을 것이다. 나로 인해 자존감이 무척이나 떨어졌을 것이다. 말수가 줄어든 남편은 학생 때 했던 과외도 하고, 새벽에는 우유배달도 했으며, 기관에 글을 쓰는 일을 하는 등 열심히 생활했다.

그러던 어느 날, 남편은 지인이 하는 꽃가게에서 잠시 일을 도와주기로 했다고 했다. 밤낮없이 책상에 앉아 서류를 보는 일의 연속이었기에 머리를 식힌다는 생각으로 꽃가게 일을 돕겠다고 했다. 꽃가게는 직원이 세 명이었고, 가족 모두가 함께하는 제법 규모가 큰 농원이었다.

남편은 가늘고 긴 고운 손에 하얀 피부를 가졌다. 섬세하고 부드러운 성격으로, 책상에 앉은 모습만 봐온 터라 몸 쓰는 일은 전혀 맞지 않아 보였다. 그런데 꽃가게에서 일하고 온 후 눈빛이 달라졌다. 늦은 저녁까지 온종일 일한 피로도 잊은 채 신나게 꽃집에서의 일들을 들려주었다. 큰 화분을 옮기고 나무를 심은 일이나, 배달한 곳에 대한 이야기, 특이한 식물들과 꽃들에 대해서 나에게 들려주느라 밤을 지새웠다.

그러다 며칠 후 나에게 꽃가게를 해야겠다고 했다. 그리고 혼자 할 수 없으니 함께하자고 말했다. 나는 그 무렵 대학연구소에서 간호사로 일하고 있었다. 직업이 안정적이고, 만족감도 높아서 다른 일은 생각해보지 않았다. 직장이 안정적이니 아이들을 키우면서 오래 일하려고 직장 근처에 집을 분양받아놓은 상태였다. 내 주변에는 장사나 사업을 하는 일가친척도 없었기에 장사나 사업은 나에게 미지의 세계였다. 반면, 남편은 수원 남문에서 외할아버지부터 어머님, 아버님, 모두 크고 작

꽃보다 향기로운 날들

은 사업을 하신 집안이었기에 꽃집 경영에 대한 접근을 빨리 하게 된 것 같다.

꽃집 일은 몸을 쓰는 일이라 정서적으로 기분이 좋고 활력이 돈다고 했다. 남편은 꽃집에서 일하면서부터 굉장히 행복해 보였다. 그동안 모든 일을 나에게 맞추며 생활해온 남편에게 나는 빚진 마음이 있었다. 부모님과 형제들은 쯧쯧 혀를 차시며 기가 막혀 하셨다. 혼자서라도 하겠다는 남편에게 나라도 힘이 되어주어야 했다. 남편이 하고자 하는 일에 따르기로 했다. 그렇게 생각도 안 해본 일이지만, 꽃집을 함께 해보겠다고 마음먹었다.

꽃은 나의 관심 분야 밖이었다. 예전에 꽃을 좋아하고 잘 가꾸는 언니가 작은 화분을 주면, 관심을 기울이지 않아서 꽃은 어느새 말라서 죽어 있었다. 우리 집에 오는 화분들은 매번 죽어서 나갔다. 지금 생각하니 꽃들에게 너무 미안하다. 이런 내가 꽃집을 한다고 했을 때, 언니는 "네가 꽃집을? 좋은 직업을 두고서 무슨 소리야?"라고 말하며 말도 안 된다고 했다.

꽃집을 하면서 그제야 꽃이 눈에 들어오기 시작했다. 업으로 삼아야 하기에 자세히 보고 공부하며 더 잘 알려고 했다. 신기하게도 알수록, 볼수록 좋아지게 되었다. 자세히 보면 어느 것 하나 예쁘지 않은 꽃이 없었다. 온종일 꽃을 만지고 분갈이하며 생활하는데도 잠이 들면 꿈속에서조차 꽃을 만지고 분갈이를 하고 있었다.

꽃집 이름은 〈사람이 꽃보다 아름다워〉를 줄여 '사람꽃농원'으로 했다. 안치환의 노래 제목인 〈사람이 꽃보다 아름다워〉는 그렇게 우리 집 가훈이 아닌 상호명이 되었다.

"먹지도 못하는 꽃을 선물해요? 돈 아깝게. 차라리 돈으로 주지." 여유 없이 살아가는 시기에 사람들은 꽃을 선물하는 것이 사치라고 여겼다. 이런 이야기를 들으며 꽃집을 시작했던 그때는 나야말로 꽃에 대해 아무것도 모르던 여유 없는 시기였다. 시간이 지나 꽃을 알아가고 좋아하게 되면서 나의 여유도 생겨났고, 꽃이 주는 안정감과 행복감을 말할 수 있게 되었다. 꽃집 이름대로 꽃을 팔면서 우리는 꽃보다 사람을 생각하게 되었다.

사람들은 누구나 아름다움을 말할 때 꽃을 떠올린다. 꽃만큼 아름다운 것이 또 있을까. 화려하고 심지어 향기까지 있다. 내가 알 수 없는 환희에 젖었던 그 노래는 '사람이 꽃보다 아름답다'고 말한다. 사람이 느끼는 아픔과 고통이 저마다 다르겠지만, 그 아픔을 견딘 이에게 보내는 찬사라고 생각한다.

나는 우리 가게에서 파는 꽃을 마음을 전하는 도구로 삼고 싶었다. 가장 좋은 상태로 전하는 이의 마음을 담아서 보내지는 꽃은 누군가의 위로가 되고 기쁨의 순간이 되고 잊지 못할 행복을 선물한다. 행복을 주는 사람이 진정 꽃보다 더 아름답다.

가게 입구에 이런 글을 써놓았다.

"삶을 풀어보니 사람이 되고, 사람을 합쳐보니 삶이 되네."

04
나를 바꾼
손님의 한마디

처음 운영한 꽃가게를 6개월 만에 정리하고 무일푼으로 새로 시작해야 할 때, 우리가 살던 동네 길가에 허름한 비닐하우스 하나가 있었다. 그때는 한국 농수산대학교가 전주로 내려가기 전이었는데, 학교 입구에 자리한 그곳은 장어를 납품하던 업자가 장어를 배달하기 전에 잠시 보관하는 장소로 이용했다. 지인이나 친구들이 들르면 장어를 조금씩 구워주었다고 했다. 그러다 보니 어느새 동네 유명 맛집이 되어 사람들로 북적이고 있었다.

그러나 그곳은 장사할 수 있는 땅이 아닌 농지였고, 배수 시설이나 오물 처리 시설이 안 되어 있는 상태로 장사하다 보니 악취와 번잡함으로 동네의 민원거리였다. 그 땅의 주인은 이 문제로 법원을 계속 오가야 했고, 피로에 지쳐 있었다. 농지에서 꽃은 합법적으로 할 수 있다고 하니 땅 주인은 골치 아픈 문제에서 어서 빠져나가고자 했다. 덕분에 우리는 장어 창고로 지어진 비닐하우스를 300만 원에 아주 저렴하게 구할 수 있었다.

두 번째 가게는 바닥에서 시작했기에 초라하기 그지없었다. 대출을 받아 겨우 비닐하우스 비용을 내고 꽃가게를 꾸몄다. 그 당시의 개업식 사진을 보니 휑한 비닐하우스 안에 연탄난로 두 대가 있었고, 난로 주변으로 작은 소품들이 늘어져 있다. 마치 꽃을 잠시 보관하는 창고 같았다. 그렇지만 그 당시의 우리는 다시 시작할 수 있다는 것만으로도 감사했다. 빠른 실패의 충격을 현실에서 잊어야 했고, 가족들의 걱정거리가 되어서는 안 되었기에 우리는 초심으로 돌아가 다시 일하기 시작했다.

손님들이 오지 않는 동네 꽃집…, 열정만 가지고 무언가를 이루기엔 현실의 벽은 차갑기만 했다. 우리 부부는 먼저 주변의 잘나가는 꽃집들을 둘러보았다. 대부분 그 지역에서 나고 자란 토박이이거나 관련 학과 출신이었다. 타지에서 이사 오고, 지역의 기반도 전혀 없는 우리가 어떻게 꽃집을 잘 운영할 수 있을지 방법을 찾아야 했다. 우리는 장사에 대해 너무도 몰랐다. 손님이 오는 것이 두렵게 느껴졌다. 이미 자리 잡은 기존의 꽃집과 경쟁하기에는 성인과 어린아이를 비교하는 것만큼이나

도저히 그 간격을 좁히기 어려워 보였다.

그 무렵, 화성은 회사들이 수도권에서 이전하며 공장들이 생겨나고 있었다. 남편은 꽃을 한두 개 배달하면서 나에게 작고 예쁜 소품들을 만들어달라고 했다. 그리고 거기에 가게 명함이나 연락처를 새기고 '전국 꽃 배달 서비스' 팸플릿을 만들어서 배달 중간중간 회사 담당자에게 주며 우리 꽃집을 홍보하기 시작했다.

남편은 짜장면을 시키면 매번 던져주는 짜장면 스티커를 보면서 우리 가게 홍보물을 새로 이사 오는 회사에 뿌려야겠다고 했다. 매일 10곳, 20곳 돌아다니는 곳마다 홍보물을 남기고 다녔다. 트럭에도 대형 스티커를 붙이고, 전국 꽃 배달 서비스를 홍보했다. 우리의 주 고객은 동네 사람들이 아니라 기업이 되었다. 남편의 판단은 매우 옳았다. 이것은 아무런 지지기반이 없는 우리가 지역사회에서 빠르게 자리 잡을 수 있게 했고, 그때부터 시작된 회사 거래가 하나둘 쌓여 코로나 유행 시기에도 큰 영향을 받지 않았다. 회사 거래처는 우리가 생존할 수 있는 우리 가게만의 무기가 되었다.

이렇게 꽃집은 조금씩 자리를 잡아갔다. 가끔 농수산대학교

 꽃보다 향기로운 날들

에서 공부하는 학생들이 이론으로 배우던 것을 실물과 비교하며, 나에게 전문성을 요구하는 질문을 하곤 했다. 나는 그때마다 적당히 피해갔다. 어느 날이었다. 그날도 농수산대학교의 잘생기고 멋진 직원이 꽃에 관해 무언가 물었다. 나는 잘 모르겠다고 머리를 긁적이며 적당히 넘어가려 했다. 남편이 하자고 해서 꽃집을 하고 있지만, 나의 마음 한쪽에는 퇴직한 지 몇 년이 지났어도 여전히 연락이 오는 병원으로 돌아가리라는 마음이 자리하고 있었던 것 같다.

"저, 시간 있으세요?"
"네?"
"공부하세요!"

그즈음 텔레비전 예능에서 아나운서가 "공부하세요" 하는 말이 유행이었는데, 유머로 던진 손님의 말에 나는 머리를 한 대 맞은 기분이었다. 자존심이 무척 상했다.

창업하면서 아무것도 모르고 일을 할 수는 없었다. 수원대학교 플로리스트 과정을 몇 년째 공부는 하고 있었지만, 공개적인 자리에서 "나는 플로리스트입니다"라고 자신 있게 말하지 못했다. 여전히 나의 전직을 떠올리며, 내가 하는 일을 자랑스럽게 말하지 못했다.

나는 이제 내가 돌아갈 곳은 없다고 스스로 선언했다. 언제
까지 잘나가던 과거만 생각할 수는 없었다. 내가 하는 일에 자
신감을 가져야 했다. 그 후, 나는 기왕 이 길에 들어섰으니 제
대로 공부해야겠다고 다짐했다. 전국트랜드리더스클럽의 강
사로 훈련받으며, 프랑스 파리의 가장 유명한 플로리스트 5인
에게 배우는 과정에 참여했다. 파리의 국립에콜 플로리스트학
교 교육 과정을 경험하기도 했다. 뒤늦게 방송대학교 농학과에
편입해 식물과 원예 관련 공부도 했다. 그렇게 화훼장식기사까
지 취득하게 되었다.

꽃가게 기반이 잡히지 않은 어려운 시기에 두 아이의 엄마로
육아와 공부, 가게 일을 함께하며 고군분투했다. 이제 나는 "나
의 직업이 플로리스트입니다"라고 말하는 것이 자연스럽고, 자
랑스럽게 느껴진다. 그날 나를 도전하게 한 그 손님께 감사하다.

현실의 벽에서 나는 새로움에 도전했다. 새로운 상황으로 나
가야 할 때 사람은 '적당히 하고 살라'는 유혹에 흔들린다. 그
리고 '좋은 결과를 낼 수 있을까?'를 고민한다. 안전지대를 벗
어나는 것은 나에게 두려움 그 자체였다.

하지만 우리에게는 변화 앞에서 유연해지고 융통성 있게 행동할 능력이 있다. 대부분의 사람이 불안감에 휘말려 마치 벽에 막힌 듯이 멈춰 서곤 하지만, 나는 도전하라고 말하고 싶다. 두려움은 영원하지 않기에, 오히려 이 두려움은 변화와 새로운 기회를 준비시키는 과정이 된다. 비록 도전하는 새로운 일들이 두렵게 느껴지더라도 한 발짝 내디딘다면, 우리에게는 이전과는 전혀 다른 길이 열릴 것이다.

"안전지대에서 나와라. 새로움이라는 불편함을 감수하려는 의지가 있을 때에만 우리는 성장한다."

– 브라이언 트레이시(Brian Tracy)

05
좋아하는 일을
한다는 것

오늘은 어떤 색채로 꽃을 준비할까?

새벽 꽃 시장에 다녀와서 냉장고 안을 꽃들로 가득 채운다. 다양한 꽃 속에서 그날 유난히 예뻐 보이는 꽃이 있다. 날씨나 그날 기분에 따라 마음이 가는 색상에 손이 가게 된다. 그러면 그 꽃으로 예쁘게 꽃다발과 꽃바구니를 만들어 샘플로 장식해 놓는다. 손님을 기다리며 활짝 웃어주는 꽃을 보며 나는 꽃집의 아침을 시작한다.

9시 업무 시작과 함께 카카오톡과 문자 메시지로 주문이 시작된다. 각종 기념일과 밤새 연락받은 근조화환 주문 처리로 분주하지만, 고객 한 사람, 한 사람의 사연에 집중하며 멋진 꽃을 선택할 수 있도록 안내한다.

영화나 드라마에서 주인공이 선택한 꽃은 이야기가 더해져 사람들에게 쉽게 기억되고 이미지와 함께 각인된다. 사람들은 비슷한 상황에서 주인공이 받은 감동을 재현하고 싶어 한다. 그래서 드라마에서 나온 꽃은 한동안 꽃 시장에 변화의 바람을 일으킨다. 고객은 나보다도 꽃에 대한 정보를 많이 가지고서 주문하곤 한다. 드라마에서 나온 목화꽃다발, 작약꽃다발, 튤립, 마리골드 등은 꽃말의 의미와 주인공의 행복감이 더해진 특별한 그 무엇이 된다. 꽃과 함께 그날의 주인공이 되는 것이다.

100송이 주문이 들어왔다. 100송이는 보통 특별한 날을 특별히 보내고 싶어서 선택한다. 요즘은 꽃 소비 문화가 많이 달라져서 특별한 날이 아니어도 꽃을 사는 사람들이 많아졌다. 그래도 특별한 날에 준비하는 꽃 100송이는 그 상징적인 의미가 크다. 오늘 주문은 결혼 30주년 기념일에 맞추어서 아내 회사에 100송이 꽃바구니를 보내 달라는 것이었다. 현금 100만 원과 두툼한 손편지와 함께.

얼마 전, 텔레비전에서 유명배우가 아내에게 보낸 100송이 꽃을 보며 '내 아내에게도 일생에 한 번은 100송이를 선물하겠노라'고 생각했다고, 결혼 30주년에 맞추어서 100송이를 주문했단다.

나는 작업을 하면서 꽃과 꽃 사이에 이야기를 넣는다. 주문자의 마음을 생각해보기도 하고, 작업하는 나의 마음 상태를 투영해보기도 한다. 내 삶의 과정이 꽃을 통해서 표현되며, 메시지를 전하는 매개체가 되어 그들의 마음까지 담았다고 생각되면, 나는 표현할 수 없는 행복감에 젖는다. 이런 설렘은 나를 참으로 가치 있다고 느끼게 해준다.

붉은 장미 100송이를 대형 바구니에 높게 세우고 하트 모양으로 풍성하게 꽂았다. 한 아름 안기 힘들 만큼 대형 꽃바구니가 만들어졌다. 100만 원 현금 봉투와 손편지는 잔잔한 꽃으로 장식하고, 남편의 마음을 가득 담으려 했다. 결혼 30주년 스토

꽃보다 향기로운 날들

리의 주인공이 탄생하는 순간이다.

이 꽃을 받는 아내는 어떤 생각을 하게 될까. 30년을 살면서 지나간 추억들을 웃으며 돌아보는 시간을 갖게 될 것이다. 지나온 힘들고 아팠던 순간까지도 아름답게 그리게 될 것이다.

꽃은 아내의 직장 사무실로 배달되었다. 사무실은 배달된 꽃으로 그야말로 난리가 났다고 했다. 환호와 함성으로 직원들 모두가 축하해주었다.

아내의 직장으로 꽃을 보내는 것은 아내의 자존감을 최고로 높여준다는 것을 세상의 모든 남편이 알아야 한다. 평소에 잘 표현하지 못한 아내에 대한 고마운 마음을 메시지에 담아 꽃을 보내보라. 일터에서 꽃을 받으면 동료들도 함께 축하해준다. 자신이 누군가에게 사랑받고 있는 소중한 존재임을 느끼게 되고, 자존감이 높아진다.

꽃을 받는 현장에서의 에너지는 그대로 나에게도 전달된다. 이럴 때는 보람을 느낀다. 내가 디자인한 꽃으로 행복해하는 모습을 보면 짜릿해진다. 꽃을 구매해준 것도 고마운데, 이런 기쁨까지 있으니 나는 나의 일을 사랑할 수밖에 없다.

평소 매장에 들러서 손님이 꽃을 가져갈 때도 꽃이 흐트러지지 않고 모양이 잘 유지될 수 있도록 신경 써서 포장한다. 어느 면에서나 늘 최고로 하려고 노력한다. '이 정도면 됐어'라는 생각에서 멈추면 정지가 아니라 사실은 퇴보다. 꽃은 트렌드에 민감하기에 변화의 흐름을 읽고 발맞추어 끊임없이 변화를 추구해야 한다.

최근 어려워진 경제 사정으로 동네 꽃집들이 하나둘씩 사라지고 있다. 몇 년 동안 코로나로 우리 모두는 힘든 시간을 보냈다. 나는 어려움이 있더라도 흔들림 없이 깊이가 있고 감성을 지닌 꽃집을 오래 하고 싶다. 시간이 지날수록 더 풍성해지는 이야기를 담고 싶다. 기본에 충실한 진심 어린 자세는 어떤 위기도 극복할 수 있게 해줄 것이다.

꽃집 앞을 휠체어로 매일 산책하시는 두 분이 있다. 요양보호사는 어르신이 산책을 잘할 수 있도록 휠체어를 잡아주고 도란도란 말벗도 되어주신다. 우리 가게는 산책길에 잠시 숨을 고르는 중간 정도 위치에 있다. 두 분은 꽃집 앞을 그냥 지나치지 않는다. 어르신은 요양보호사에게 고마움의 표현으로 종종 한 아름의 꽃을 사신다.

어르신은 매번 장미를 주려고 하는데, 요양보호사님은 소국이 더 좋다며, 서로 다른 곳의 꽃을 보고 있다. 꽃을 사는 모습만 보아도 두 분의 이야기가 그려진다. 그렇게 사양하면서도 감사의 마음을 받아주시는 모습은 흐뭇한 미소를 짓게 한다.

꽃으로 표현되는 이야기는 다양하지만 들여다보면 한결같이 진심 어린 사랑의 표현이다.

산책 중에 꽃집을 들르는 것처럼, 바쁘게 살아가는 일상 사이사이에 잠시 쉬어가는 길목이 우리에게 더 많이 필요하다. 꽃으로 표현되는 숨 고르기는 정서적 재충전이 되어 삶에 생기를 불어넣어 줄 것이다. 그러니 앞으로는 꽃집 앞을 그냥 지나치지 말아야 한다.

오늘은 자신의 소중한 사람이 좋아하는 꽃으로 드라마 속 주인공을 만들어주자.

"오늘, 무슨 날이에요?"
"아무 날도 아니에요. 오다가 주웠어요. 힘내라고."

06
겨울을 견뎌야
피는 꽃

새벽 찬 공기가 온몸을 움츠리게 한다. 아직 어두운 새벽, 나는 조찬 포럼에 참가하기 위해서 집을 나선다. 오늘은 어떤 강의일까.

나는 꽃집 창업 초기, 몇 년이 지나도록 꽃집 일이 몸에 배지 않아 무척이나 힘들었다. 몸도 힘들었지만, 끝이 보이지 않는 미래에 대한 막연한 두려움이 있었고, 내가 지금 잘하고 있는지 반문하기도 했다.

그러다 화성상공회의소에서 진행하는 조찬 포럼에 우연히 참석하게 되었다. 포럼은 화성시 관내 100여 명의 기업인이 모여 각 분야의 전문가들에게 강의를 듣는 시간이다. 매번 최고의 강사진이다.

 꽃보다 향기로운 날들

현실은 너무 암울했지만 한 달에 한 번 강의를 듣고 나면 정신적인 힘을 받아서인지 기운이 났다. 운전하며 돌아오는 동안 내가 깨어나는 느낌이 들었고, 다시 한 달을 잘 살 수 있는 힘을 충전한 것 같았다.

성공자들의 삶을 보면서 나의 오늘은 내일을 향해 나아가는 시간이고, 잘 견뎌낸 그들이 지나온 시간처럼 나 역시 그렇게 될 수 있을 것이라고 위로했다. 사업 초반, 힘들었던 시간에 포럼을 통해 동기부여도 받고, 조급함을 버리고 작은 것부터 공부하는 계기가 되었다. 2007년부터였으니 화성경제인 포럼과의 인연은 나에게 참으로 특별하다.

강의장에 기업인들이 속속 들어오고 인사를 나누는데, 그동안 전화로만 거래했던 우리 가게의 오랜 거래처 대표를 이름표를 통해 알아보았다. 너무도 반가웠다. 창업 초기의 어려운 시절에 거래를 시작해서 오늘까지 이어진 고객이다. 이야기를 나누다 보니 비슷한 시기에 사업을 시작했고, 그 역시 힘들었던 시기를 잘 지나왔다고 한다. 테이블에 앉아 있는 모두가 요즘 경제가 너무 어렵다고 말했다. 그러나 이분은 요즘 사업이 안정되어, 지금은 대학에서 그동안 못 다한 공부를 하고 있다고 한다. 자기계발과 성장을 위해 자신에게 투자하고 있었다.

"성공한 사람들은 자신에게 투자한다."

최고의 투자는 자신에게 하는 것이라고 했다. 나에게 투자한 것은 환경이 바뀌어도 사라지지 않기에 빚을 내서라도 배우라고 한다. 새벽 이른 시간부터 각 분야의 최고 전문가에게 들을 준비가 되어 있는 화성의 기업인들은 자신에게 투자할 줄 아는 멋진 리더들임에 틀림이 없다.

얼마 전에는 인사이드아웃 김성춘 교수가 '사람이 만드는 기업의 미래'라는 주제로 강의를 진행했다. 요지는 다른 사람을 따라가지 말고, '내가 잘할 수 있는 나만의 강점을 발견하고 훈련해서 내재된 나만의 강점을 계속 확장 발전시켜 지속적 경쟁 우위를 확보하라'는 것으로, 정말 유익한 주제였다.

우리 사회는 빠르게 붕어빵 찍어내듯 좋다는 것들을 모두가 해내려 한다. 이러한 보편성에 따라가지 못하면 스스로가 부족하다고 생각하고 패배감을 느끼게 된다. 자신의 강점을 찾도록 기다려주지도 않는다. 기업 역시 보편성에 편승해 길게 보면 강점으로 살릴 수 있는 것도 놓치게 된다.

나만의 강점이 무엇일까. 우리 가게만의 강점이 무엇일까. 옆자리의 오랜 거래처 대표는 우리 가게는 "관리 능력이 뛰어나다"라고 말하며 엄지손가락을 들어주셨다.

겨울을 견뎌야 피는 꽃들이 있다. 추운 겨울 땅속에서 죽은 듯이 멈춰 있지만, 겨울이 가고 봄이 오면 아름답게 피어나는 강인한 생명력을 지닌 꽃들을 우리는 알고 있다.

봄에 피는 꽃이 겨울을 견디며 만들어진다는 것을 우리는 너무 쉽게 생각한다. 그냥 시간이 지나면 오는 것이 아니다. 꽃을 피우기 위해서 꼭 필요한 시간이다. 추운 겨울을 나고서야 나무는 비로소 동면에서 깨어나 꽃을 피울 준비를 한다. 꽃이 우리에게 에너지를 주는 것은 바로 이런 어려운 시기를 견디어낸 이야기를 담고 있기 때문이리라.

겨우내 나무는 추위와 배고픔을 참고 모든 에너지를 아끼고 저장한다. 그것은 인내와 아픔의 시간이다. 겨울을 이기고 꽃을 피운 나무를 보면 무언가를 이루어낸 사람들이 겪었을 시련도 함께 생각하게 된다.

꽃집을 시작하고 긴 겨울 같은 시간을 성공자들을 보며 이겨냈다. 초기 실패 후 무일푼으로 빚을 내서 시작한 가게를 우리만의 방식으로 영업해 기업 거래처를 늘려나갔다. 꽃가게 특성상 불규칙한 매출을 안정된 형태로 자리 잡을 수 있도록 노력했고, 작은 땅에 오랜 염원이었던 우리 가게도 예쁘게 지었다. 그렇게 남편과 나의 오랜 노력이 꽃눈이 되어 피어나려 하고 있었다.

　때로는 시련이 나를 더욱 강인하게 할 것을 믿는다. 성공한
사람들의 이면에는 우리가 알지 못하는 수많은 시련과 어려움
의 과정이 있다. 긴 시간이 지나고 그들은 그런 지난날이 한 번
도 없었던 것 같은 얼굴로 말한다. 지나왔으니 웃으며 말할 수
있다고.

꽃은 져도
너는 남는다

　한 달에 한 번 영화를 보는 인문학 소모임 브라비라는 동아리가 있다. 개봉되어 나오는 좋은 영화를 선정해 회원들과 함께 감상하고, 영화와 관련된 이야기를 나누는 동호회다. 오늘의 영화는 2022년 개봉한 류승룡, 염정아 주연의 〈인생은 아름다워〉다.

　나는 이 영화의 제목을 보고 남편과 함께 보았던 이탈리아 로베르토 베니니(Roberto Benigni) 감독의 〈인생은 아름다워〉가 떠올랐다. 1997년 개봉 당시 굉장히 유명했고, 워낙 감동적으로 본 영화여서 영화 속 장면이 그림처럼 떠올랐다. 영화를 좋아했고, 영화감독이 꿈이어서 연극영화과 연기시험까지 본 남편과의 추억이 스쳐 지나갈 때쯤 영화가 시작되었다.

나는 이 영화를 보고 영화가 끝날 때까지 일어설 수가 없었다. 한참이 지나도 눈물이 멈추지 않아 서둘러 차 안에 들어가 현실 세계로 나오지 못하고 긴 시간을 울었다. '이게 뭐지? 처음부터 끝까지 내 이야기잖아' 싶었다. 영화의 모든 소재가 나의 지난날이었다. 아무리 같은 시대를 살았다고 해도 어떻게 이렇게 똑같을까. 영화는 나의 지난날을 세밀하게 떠오르게 했고, 우리의 아름다웠던 순간들을 재현해주었다.

남편을 처음 만난 것은 내가 스물한 살 무렵이었다. 나는 당시 전주에서 올라와 수원에서 교회를 다니고 있었다. 1990년, 그해는 5월 광주의 10주년이 되는 해로 전국 각지에서 광주에 모여서 대규모 행사를 계획하고 있었다. 교회 선배는 수원지역의 새내기 청년들을 모아서 YMCA 차로 광주로 떠났는데, 그곳이 광주 조선대학교였다.

우리나라의 현대사를 잘 모르는 새내기들이 엄청난 규모의 집회현장에 가게 된 것이다. 많은 군인들이 도로마다 줄지어 앉아 있었고, 시위대를 잡으려는 경찰들로 가득했다. 우리 중 하나가 이날 행사의 상징과도 같았던 조선대학교 학보를 들고 있었는데, 이 신문을 들고 있는 것만으로 경찰이 우리를 잡을 충분한 이유가 되었다.

"저놈들 잡아라" 우리는 경찰에 포위되었다.

나를 포함한 여학생들은 재빠르게 일반인들 속에 섞여 경찰을 피했다. 그때 남학생들 몇이 달리기를 시작했고 눈앞에서 잡히거나 도망갔다. 그 현장을 어떻게 벗어났는지, 떨리는 가슴을 쓸어내리며 처음 흩어졌던 곳으로 일행들이 하나둘 모였다.

이제 차가 떠나야 할 때, 저녁노을이 물들고 있던 시간에 저 멀리서 경찰에 붙들렸을 줄 알았던 남학생 하나가 달려오고 있었다. 얼마나 반가웠던지…. 수원으로 오는 차 안에서 모두가 지쳐 잠들어 있을 때, 그 남학생과 나는 경찰과의 쫓고 쫓겼던 무용담을 시간 가는 줄 모르고 이야기했다.

빈곤한 학생이었던 우리는 주로 영화관에서 데이트를 했다. 나는 집에서 김밥, 주먹밥 등으로 도시락을 준비했다. 우리는 영화 시작 전에 만나서 영화관 안의 사람들이 많이 없는 계단 위에서 도시락을 먹고, 그곳에서 자판기 커피를 마셨다. 영화를 보고 나서는 수원 남문에 있는 팔달산 중턱에 앉아 영화 이야기를 나누느라 긴 시간을 보냈다.

1990년 11월, 〈사랑과 영혼〉을 보고 영화관을 나왔을 때, 첫눈이었는지 커다란 눈송이가 흩날리고 있었다. 우리가 처음 만난 그해에 본 이 영화는 지금 생각해보니 교통사고로 떠난 남편과 나의 이야기와 닮았다. 사고로 천국으로 향하지 못한 주인공처럼 남편도 그 순간 내 곁을 맴돌았을 것 같다. 아픈 나를 두고 떠나기 힘들었을 테니. 지나온 내 삶이 잘 짜인 퍼즐 조각 같다.

결혼 후 아이들이 어릴 때 꽃집을 시작해서 분주하고 여유 없이 살아오느라 다 함께 찍은 가족사진이 하나도 없었다. 우리 집 거실에는 아이들이 어릴 때 찬양대회 참가 기념으로 교회에서 찍어준, 오래되어 얼룩진 사진이 걸려 있었다.

"엄마, 아빠, 우리, 가족 사진 찍으러 가요!"
어느 날, 중학생인 큰아들이 가족사진을 찍어준다는 이벤트에 글을 남겨서 당첨이 되었다고 했다. 이벤트로 당첨된 것이라 무료니까 사진 찍으러 가자고 시간을 잡았다고 했다. 꽃집은 월요일부터 토요일까지 쉬지 않고 일을 했기에 사진 촬영을 한다고 하루를 쉬면서 시간을 내는 것은 사실 쉬운 결정은 아니었다. 그런데 아직 어린아이인 줄 알았던 아들이 적극적으로 나서니 아이에게 힘을 실어주고 싶었다. 그렇게 큰아들의 계획

꽃보다 향기로운 날들

하에 가족사진을 찍게 되었다.

우리는 화장부터 머리 손질까지 풀세트로 온몸을 장식하고 여러 가지 콘셉트로 사진 촬영을 하며 마음껏 포즈를 취했다. 웃음꽃 가득한 행복한 시간을 보냈다. 너무나도 멋지게 찍힌 수십 장의 가족사진 중 무료로 받을 수 있는 것은 손바닥만 한 한 장이 전부였다. 집 안에 걸어둘 만한 사이즈는 적은 비용이 아니었다. 하지만 일하느라 아이들과 함께 시간을 보내기 어려웠던 우리 가족에게 그날은 선물과도 같은 시간이었기에 남편은 큰 비용을 들여서라도 좋은 액자로 하자고 했다.

세상의 주인공이 된 우리 가족의 행복한 순간이 사진에 고스란히 담겼다. 거실엔 큰아들 덕분에 커다랗고 멋진 가족사진이 걸려 있다. 이때 나와 둘이 손잡고 찍은 행복한 표정의 사진은 그로부터 몇 년 후, 남편의 영정사진이 되었다.

남편이 사고가 나기 5개월 전, 나는 블로그에 올릴 사진을 찍다가 넘어졌다. 넘어진 채 일어서지 못하고 구급차에 실려서 병원에 갔다. 나는 단순히 다리뼈가 부러진 줄만 알았다. 그런데 뼈 안에 주먹만 한 종양이 있었다. 종양이 너무 커져 뼈를 부러뜨린 것이라고 했다. 의사는 평생 이런 종양은 처음 본다며 암 전문병원으로 가야 한다고 했다.

그때는 전국 전공의들이 파업을 하던 시기였기에 어느 병원도 갈 수 없었다. 나는 다리가 부러진 채 일주일을 진통제만으로 버텨야 했다. 통증이 너무 심해서 비명이 자동으로 입 밖으로 새어 나왔다. 원자력병원의 병실에는 모두 암 환자들이었는데, 한밤중에도 계속되는 비명에도 불평 없이 숨죽여 지지해주던 병실 사람들에게 너무도 감사했다.

수술해야 하는 응급상황에 수술할 의사는 어디에도 없었다. 이 사정을 들은 이 분야의 최고로 알려진 서울대 골종양 전문의 김한수 교수님이 자진해서 진료해주셨다. 너무도 감사했다. 명의답게 나를 안심시켜주시고 빠르게 수술할 수 있도록 도와주셨다. 덕분에 현재 분당 서울대 김용성 교수님께 수술을 받을 수 있었다. 최고의 의료진이었다.

우리는 살아가다 보면 자신의 힘과 노력만으로 해결할 수 없는 많은 일을 마주하게 된다. 오랜 시간 스스로를 돌보지 않고 일했던 나에게 건강의 빨간불이 켜졌다. 종양이 자라고 있었다니…. 평소 건강에 관해서는 기본적으로 잘하고 있다고 여겼기에 생각지도 못한 질병이었다. 간호사 시절, 나는 많은 환자를 보았기에 '이렇게 삶을 정리할 수도 있겠구나' 하며 마음의 준비를 하고 있었다.

남편과 나는 늘 함께 있어도 각자 자신의 세계에서 따로 살았다. 나는 내가 감당해야 할 일들이 너무 많다는 이유로 남편을 외롭게 했다. 세상 모든 일을 혼자 다 하는 양 분주하게 살았다. 그런데 아프고 아무것도 할 수 없게 되니 어린아이가 된 듯 남편이 나의 손과 발이 되었다. 내가 전적으로 의지하니 비로소 부부 간의 막힌 담이 헐리듯 하나가 된 것을 느낄 수 있었다. 나의 질병은 남편과 가장 행복한 5개월을 보낼 수 있게 만들기 위한 하나님의 배려였나 보다. 내가 아프지 않았으면 남기지 못할 선물 같은 시간이었다.

수술은 잘되었고 이전처럼 정상적으로 걸을 수는 없지만, 당장 생명에는 지장이 없다고 하니 감사했다. 곁에서 그림자처럼 함께한 남편에게 감사했다. '만약 내가 아니고 남편이 아팠다면 나는 이렇게까지 못했을 텐데…' 하는 생각이 들었다.

그런데 내 곁에서 나를 돕던 남편이 우리가 함께 일구어놓은 '사람꽃농원' 꽃가게 앞에서, 나의 눈앞에서 얼음이 녹지 않은 눈길 추락사고로 한순간에 세상을 떠났다.

운명은 하늘이 정한 것일까. 그렇게 익숙했던 도로에서 이런 일이 일어났다는 것이 믿을 수가 없었다. 간호사이고 응급구조사였던 나는 그날의 현장에서 아무런 조치도 취할 수 없었다. 나는 시간이 지나도 그때의 충격에서 벗어나지 못했다. 남편이 떠난 그 사고의 순간에 나의 시간은 멈추어 있었다. 눈앞에서 벌어진 그 순간이 오랜 시간 멈춰진 채 나를 붙들고 있었다.

예고 없는 갑작스러운 이별은 너무나도 허망하다. 영화에서처럼 이별할 시간이라도 주어졌다면 지난 시간 동안 나의 친구여서 남편이어서 정말 고맙고 감사하다고, 우리의 지나온 삶이 어느 영화보다도 더 눈부시게 아름다웠다고 이야기했을 텐데….

세상에서 가장 큰 고통은 이별 뒤에 오는 그리움이라 했나. 이별하고 보니 함께 있을 때 몰랐던 그 사람의 좋은 점과 좋았던 기억만 떠오른다. 내가 성숙하지 못해서 그를 외롭게 했던 것 같아 나의 잘못들만 생각난다. 떠나고 나니 더 깊어지는 것이 사랑인가 보다.

08
작은 꽃가게에서
행복을 배우다

대부분의 사람은 마음먹은 만큼 행복하다.

– 에이브러햄 링컨(Abraham Lincoln)

개를 무척이나 좋아하던 남편이었는데 우리 집에서는 애완
동물을 한 번도 제대로 키워보지 못했다. 남자 셋이 어질러 놓
은 것들을 치우는 것은 늘 주부인 내 몫이기에 나는 애완동물
까지는 무리라며 집 안에서 키우는 것을 결사반대했다. 아이들
도 엄마 눈치를 보며 동물을 좋아하는 마음을 표현하지 못했다.

내 마음에 여유가 없었다. 모든 것을 다 잘하려고 하는 욕심
에 많은 것을 제한하며 살았던 것 같다. 이런 나로 인해 남편과
아이들에게 정서적으로 꼭 필요했을 애완동물을 키우지 못하

도록 반대했던 것을 반성한다.

 남편이 떠난 후 한 달쯤 지나서 꽃가게를 정리하고 청소하는
데, 큰 화분 속에서 무언가 움직이는 것을 발견했다. 식구들이
다 같이 달려와서 움직이는 물체를 신기한 눈으로 바라보고 있
었다. 그것은 갓 낳은 새끼 고양이였다. 동네 길고양이가 따뜻
한 곳을 찾아 우리 꽃집 비닐하우스 안에 들어와 새끼를 낳은
것이다. 네 마리가 눈도 못뜬 상태로 차곡차곡 쌓아놓은 것처
럼 서로 엉겨서 잠을 자고 있었다. 낳은 지 며칠이 안 된 것 같
았다. 작은아들과 나는 서로의 눈을 바라보았다. '한 마리 데려
다 키울까?' 눈빛으로 말했다. 그러나 어느새 '안 돼. 우리는 할
수 없을 거야' 하며 조용히 그 자리를 피했다.

 하지만 그때부터 계속 머릿속에 새끼 고양이가 고물거렸다.
'한 마리 데려올까?', '한 마리 데려올걸', '화원은 안전한가?',
'춥진 않을까?' 하며 밤새 뒤척였다. 다음 날 아침, "우리 고양
이 한번 키워볼까?" 하고 작은아들에게 이야기하니 본인도 밤
새 새끼 고양이 생각에 잠을 설쳤다고 했다. '그래, 한번 도전해
보자' 하며 꽃집으로 달려갔다.

 그런데 이미 어미 고양이가 우리 속마음을 알았는지 새끼를

다른 곳으로 옮겨서 새끼가 있던 자리가 텅 비어 있었다. 실망을 하며 어깨를 축 늘어뜨린 채 돌아서던 순간이었다.

"여기 새끼 고양이가 있어!"

이모 목소리가 들린다. 밤사이 어미 고양이가 조금 떨어진 다른 화분 속으로 새끼 고양이를 옮겨놓았나 보다. 아들과 나는 재빨리 한 마리를 품에 안고 집에 왔다.

"엄마는 몸이 아프니 새끼 고양이는 본인이 돌보겠다"라며 작은아들은 집사이길 자청했다. 먼저 동물병원에 가서 예방접종을 하고, 살균기에 소독도 했다. 손가락만 한 젖병부터 분유, 영양제 등 고양이 용품을 샀다. 큰아들은 군에 있고, 작은아들과 둘만 있던 쓸쓸한 공간에 새 식구가 들어온 것이다. 고양이에게 '꽃님'이라는 이름을 지어줬다. 그렇게 꽃님이는 우리 집 막내가 되어 함께 살게 되었다.

마음먹은 대로, 생각한 대로 살게 되나 보다. 애완동물은 안된다며 고집을 부리던 내가 어느새 온 집 안에 고양이 털이 날리고, 옷마다 고양이 털이 붙어 있어도 전혀 개의치 않는다. 사랑스러운 녀석을 보면 그 모든 것은 아무런 문세가 되지 않았다. 심지어 가구를 모두 긁어서 성한 것이 없음에도 '스트레스를 받아서 그런가' 하며 녀석을 살피게 된다.

어린 꽃님이를 보니 우리 아이들 키울 때가 떠오른다. 아이들을 키울 때 세상 모든 엄마가 그렇듯 나 역시 우리 아이가 세상에서 제일 예뻤다. '어떻게 저렇게 예쁜 아이가 나에게서 나왔을까?' 하며 선물 같은 아이로 인해 정말 행복했다. 언젠가 자랑스러운 성공 경험을 이야기해야 하는 자리에서 나는 두 아이의 엄마인 것이 내 삶의 가장 큰 자랑이라고 말했다. 아이들은 부모의 믿음만큼 자란다고 했는데, 그렇게 우리의 믿음대로 잘 자라줘서 아빠의 빈자리까지 채우고 있으니 정말 고맙고 감사하다.

우리 집 막내 꽃님이는 보는 사람마다 어떻게 저렇게 예쁘냐며 감탄한다. 아이들 키울 때가 생각나서 내가 사랑하니까 더 예뻐 보이는 것인지, 볼수록 예쁘다. 어느새 나는 고양이의 매력에 푹 빠진 것 같다. 왜 애완동물을 키우는지 알 것 같다. 온종일 온기 없던 집안에서 나를 기다리며 반기는 녀석이 있다. 내가 어디에 있든 내 옆에 조용히 와서 기대기에 혼자라는 생각이 들지 않는다. 애완동물을 반려동물이라 하는 표현이 이해가 된다. 여생을 함께할 가족. 꽃님이는 이제 우리 가족이 되었다.

처음 우리 집에 왔을 때부터 엄마 품이 그리운지 내가 이불을 덮고 누우면 어느새 이불 위 나의 다리 사이에 와서 잠들었다. 주먹만 한 작은 것이 너무나도 사랑스럽다. 꽃님이가 우리 집에 오면서 적막했던 집안에 생기가 돌고 공기가 달라졌다. 말수가 늘어나고 웃음소리가 나기 시작했다.

우유를 주고 배변 훈련을 시키며 돌보는 이런 일들이 우리를 소소한 행복에 젖게 했다. 우리 몸은 애완동물을 돌볼 때, 사랑의 감정을 느끼게 하는 호르몬인 옥시토신 분비가 많아진다고 한다. 또 스트레스를 받을 때 나오는 코르티솔이라는 안 좋은 호르몬이 줄어들어서 마음의 안정도 준다. 애완동물과 대화하며 웃음 짓기에 우울이나 부정적인 생각들이 확연히 줄어든다. 근심, 걱정도 줄어드니 현대인의 고독감을 애완동물이 많은 부분 채워줄 수 있다고 하겠다. 우리 가족은 남편의 사고로 인한 외상후 스트레스를 꽃님이를 돌보며 조금씩 안정을 찾게 되었다.

꽃집에 들르는 고객들이 꽃님이의 안부를 물어주고, 꽃님이를 보러오는 어린 팬들이 생겨났다. 예전의 나와 같은 이유로 애완동물을 키우지 못하는 집의 아이들이 꽃을 사러 엄마와 함께 왔다가 이제는 고양이를 보러 들른다. 아이들은 작은 새끼 고양이를 너무도 신기해하며 금세 친구가 된다. 우리 아이들을 키울 때 해주지 못한 것들을 잠시나마 우리 꽃가게에 들른 아이들에게 경험하도록 해주고 싶다.

돌봄은 내 안에 있는 사랑을 발견하는 너무 좋은 교육이 된다.

"꽃님이 보고 싶을 때 언제든 보러와."

2장

나는 행복을 파는 사람입니다

01
자연이 주는
깨달음

꽃은 우리가 사는 이야기 속의 많은 것을 추억하게 한다. 한 사람이 태어나고 자라서 행복한 결혼식을 하고 부모가 되는 임신과 출산, 생일, 취업, 승진, 개업, 환갑, 칠순, 세상을 떠나는 순간과 납골 추모까지, 우리는 전 생애에 걸쳐 꽃과 함께한다. 꽃집을 하면서 이런 다양한 용도의 꽃들을 준비하고, 꽃을 사가는 사람들의 이야기 속에 꽃집의 일상이 풍성해진다.

꽃을 자세히 들여다보면 생겨남과 사라짐이 있다. 사계절을 지나면서 꽃은 우리의 인생처럼 성장을 거듭한다. 가지 하나하나, 꽃눈 하나까지 아픔과 성장의 이야기가 있다.

우리 가족은 새해가 되면 꼭 하는 것이 있다. 가정예배를 하며 A4 종이에 한 해의 계획과 몇 년 안에 꼭 이루고 싶은 것들을 적어서 함께 읽고 자기 책상 위에 붙여놓는 것이다. 아이들이 어려서부터 매년 해왔는데, 나의 오랜 꿈은 "나의 가게를 갖는 것, 우리 땅에 집과 가게가 함께 있는 것"이었다.

시간이 흘러 가게가 안정되면서 제법 꽃가게답게 자리를 잡아갔다. 10년이 지나도록 동네에서 주인이 바뀌지 않은 가장 오래된 가게가 되었으니 어려운 시절을 잘 지나온 셈이다. 가게의 매출은 늘어나는데, 매년 비닐하우스 주변 공사와 관리 비용으로 큰돈이 계속 들어가니 돈은 모이지 않고 손가락 사이로 계속 빠져나가는 것 같았다. 그래서 나는 내 땅에서 하우스를 잘 지어서 제대로 된 꽃집을 하고 싶었다. 아이들도 돌보면서 일하고 싶어서 가게와 집이 함께 있었으면 하는 마음이 간절했다.

그즈음 가게 주변의 환경이 바뀌고 있었다. 농수산대학교는 전주로 이전하고, 꽃가게 주변은 다양한 건설계획으로 들썩이고 있었다. 어느 날 땅 주인이 찾아왔다. 꽃가게 주변이 도시계획에 포함된다면 본인도 땅의 소유권을 최대한 보상받기 위해서 꽃가게 자리를 활용해야겠다고 하면서 이사 비용도 없이 우리에게 꽃가게를 3개월 후에 비워달라고 했다.

 꽃보다 향기로운 날들

막연히 마음속으로 걱정하며 생각했던 일들이 나에게 현실로 다가왔다. 모아놓은 돈도 없는데 3개월 만에 어떻게 이사 갈 곳을 찾을 것인가. 10년 동안 가게에 쏟아부은 노력이 아까워서 어찌할 바를 몰랐다.

내 삶의 전환기를 맞은 것이다. 나는 이 문제를 어떻게 해결해나가야 할지 앞이 캄캄했다. 나는 내 사정을 아는 주변 사람들에게 도움을 요청했다. 내가 할 수 있는 최선의 방법을 찾고자 노력했다. 그리고 필요한 것을 노트에 적었다. 먼저, 봉담에서 자리를 잡았으니 이 지역에서 찾을 것, 아이들이 학교에 다녀야 하니 학교 주변에서 멀리 떨어지지 않을 것, 교회와 가까울 것, 다른 사람 도움 없이 살 수 있는 작은 땅을 구할 것 등 필요한 리스트를 적고 기도하기 시작했다.

한 달 정도 새벽기도를 하는데, 대책이 없는데도 마음이 평안해졌다. 이사 비용도 안 주면서 나가라던 야속한 땅 주인에 대한 감정도 그 땅에서 그동안 잘 살게 해주어서 감사하다고 축복하는 마음으로 변했다. 그즈음 밤에 꿈을 꾸었는데, 화원이 강한 불길에 휩싸이고 미처 피하지 못하는 내용이었다. 앞으로 잘될 거라고 꿈으로 보여주는 것 같았다. 새로 옮길 곳은 분명 더 좋은 곳이라는 막연한 믿음이 생겨났다.

두 달 정도 지났을 때, 생각지도 못한 곳에서 연락이 왔다. 동네 이장님을 통해 부동산 중개사무소에 내놓기도 전인 매물을 소개받았다. 봉담에 이런 곳이 있었다니…. 도심 속 한복판에 농지가 있었다. 아파트에 붙어 있고 걸어서 10분 거리에 아이들 학교가 있다. 그리고 교회도 가까웠다. 무엇보다 가격이 주변 시세보다 저가에 나와서 우리가 바라던 조건에 딱 맞았다. 게다가 주변이 논과 밭으로 둘러싸여 있어 자연경관도 너무나 아름다운 곳이었다. 한밤중에 아이들과 함께 둘러본 그곳은 벼가 가로등 불빛 아래에서 초록빛으로 출렁이고 있었다.

논을 흙으로 메꾸어 밭으로 만들어서 꽃가게를 해야 하는데 우리는 정말 돈이 없었다. 그래서 논을 밭으로 만드는 500만 원 정도 되는 비용을 깎아달라고 어린아이처럼 말했다. 그러자 계약서를 쓰려던 사람들은 놀라는 표정을 지었다. 아무 말 없이 모두 입을 벌리고 땅을 내놓은 사람의 눈치를 살피었다. 알고 보니 그 땅의 가격은 오래전 본인이 살 때의 공시 가격이었다고 했다. 터무니없이 싼 값에 내놓았는데, 거기에 공사비용까지 더 내려달라 하니 소개자도 세상 물정 모르는 나를 보고 웃음도 안 나왔다고 했다. 하루가 지나고 우리가 원하는 가격에 해주겠다고 연락이 왔다. 이렇게 해서 내가 원하던 조건으로 도심 속에서 꽃집을 지을 땅을 구입하게 되었다. 이것은 하늘이 주신 게 분명했다. 노트에 적은 그대로 이루어졌으니 말이다.

추수할 때까지 기다렸다가 논에 있는 벼를 추수하고 흙을 메꾸어 비닐하우스 꽃집을 지었다. 그동안 너무 허름한 하우스로 인해 고생했기에 난방이 잘되어 춥지 않도록 아주 튼튼하게 지었다. 약속한 3개월이 지나 이야기가 나온 4개월 만에 우리는 새로운 화원으로 이사했다. 모든 일들이 일사천리로 진행되었다. 드디어 우리 땅에 우리만의 가게가 생긴 것이다.

10년을 넘게 고생해서 자리 잡은 가게를 두고 새롭게 어딘가에서 다시 시작해야 한다고 생각했을 때는 앞이 캄캄했다. 정신을 차리는 데 한참의 시간이 필요했다. 내가 잘한 것은 나의 문제를 여러 사람에게 알린 것이다. 이것이 문제 해결의 열쇠가 되었다. 그리고 현실적으로 필요한 것과 가능한 것들을 명확하게 기록해서 불필요한 것들을 미리 차단하고 시간을 아낄 수 있었다. 당장에 위기라고 느낀 현실을 잘 이겨내니 삶이 변화했고 기회가 찾아왔다.

자연의 변화에서 끝은 새로운 시작을 의미한다. 낙엽이 되어 떨어진 푸르른 것들은 자양분이 되어 다음 해를 견딜 힘을 주고, 죽은 듯 움츠린 가지에서 꽃눈이 피어난다. 꽃이 펴서 기분이 좋고, 꽃이 지는 슬픔도 있다. 꽃을 보며 우리의 내면도 성숙해지고 성장한다.

'앙스트블뤼테(Angstblute)'라는 말이 있다. '불안 속에 피어나는 꽃'이라는 이 단어는 환경이 척박하고 도저히 살 수 없을 것 같을 때, 절체절명의 위기의 순간에 혼신의 힘을 다해서 꽃을 피우고 종자를 맺어 장렬히 전사하려는 식물의 특성이다. 어려움의 절정이 지나면 멋진 꽃들이 피어난다.

고객들은 가끔 "동양란 꽃을 피우려면 어떻게 해야 하나요?" 하고 질문을 한다. 그러면 나는 "한겨울 매서운 추위를 견뎌야 합니다"라고 말해준다.

꽃집을 잘 지어서 정리를 하고, 다음 해는 작게 집도 지어서 드디어 집과 가게가 함께 있게 되었다. 이사하는 날, 작은아들은 이삿짐을 정리하면서 책상에 붙여놓았던 버킷리스트를 보았다.

"엄마 꿈이 제일 먼저 이루어졌네."

겨우내 나무는 추위와 배고픔을 참고 모든 에너지를 아끼고

꽃보다 향기로운 날들

저장한다. 그렇게 꽃을 피울 꽃눈을 만들어내는 것은 인내와 아픔의 시간이다. 이러한 겨울을 이기고 꽃을 피운 나무를 보면 무언가를 이루어낸 사람들이 겪었을 시련들도 함께 생각하게 된다.

02
감사기도는
행복의 씨앗을 심는 것

　남편을 떠나보내고 나는 삶과 죽음의 문제에 대해 깊이 생각하게 되었다. 교과서로 아는 지식은 그저 떠다니는 활자일 뿐, 내 삶에서 직접 직면해보니 너무나 많은 생각이 한꺼번에 몰려왔다.

　'과연 나의 하나님이 이 일을 하신 것이 맞는 것일까?'

　'운명은 정해진 것일까?'

　'죽음 후의 천국은 어떤 곳일까?'

　'그는 천국에서 평안히 나와 아이들을 보고 있을까?'

　'정해진 운명이었다면 떠나야 할 완벽한 시간이 바로 지금이었던 것일까?'

　'하나님은 어떻게 사랑하는 사람을 눈앞에서 사고로 떠나보내는 이런 끔찍한 고통을 나에게 안겨주실 수 있을까?'

꽃보다 향기로운 날들

'이 고통 속에서 나는 앞으로 또 어떻게 살아야 할까?'

〈실수가 없으신 하나님〉이라는 찬양은 나를 슬픔의 늪에서 들어 올리지 못했다.

내면에서 오는 깊은 생각들은 나를 돌아보게 했다. 지나온 삶을 되돌아보니 나는 '나에게 주어진 일들을 어떻게 잘 해낼까?'만 생각하며 여유도 없이 분주히 살았다. 일하는 엄마로서 두 아이들을 잘 키워내려 했고, 아내이고 함께 일하는 동료로 남편과 믿음의 좋은 가정을 가꾸려 했다. 꽃집을 잘 일구어서 대를 잇는 사업체로 성장시키고 싶었다. 나는 내가 가진 역량을 쥐어 짜내듯 그렇게 쉼 없이 살아왔다.

내가 가장 행복했던 순간이 언제인지 생각해본다. 어린 시절, 가난했지만 사랑 많은 부모님과 언니, 오빠들이 있어서 정서적으로 건강하게 자랐다. 미래에 대해 꿈꿀 수 없는 뼈에 사무친 가난도 있었지만, 그래도 든든한 울타리 안에서 보호받고 사랑받으며 살아온 어린 시절이 감사하다.

나에게 좋은 사람. 살아온 힘들었던 시절을 잊게 해준 좋은 친구였던 남편을 만난 것도 감사하다. 거울을 보듯 비슷한 생각과 활동을 하며 나의 분신 같았던 남편과 결혼을 하고, 아이를 갖고 내가 엄마가 되었던 행복하고 빛나는 순간이 있었다. 만남부터 지금까지 30여 년 동안 많은 어려움이 우리에게 있었지만, 남편의 든든한 사랑과 사랑스러운 아이들이 있었기에 힘든 줄 모르고 살아왔다. 돌아보니 나의 모든 순간이 감사이고 축복이었다.

나는 내면 깊숙이 나를 돌아보는 기도를 하기 시작했다. 기도는 나 자신을 비추어 보게 하는 힘이 있다. 나를 객관적으로 돌아보게 된다. 스스로 많은 위로가 되었다. 내가 기도에 더 집중하게 된 것은 다리 종양 재발이 계기였다. 나는 당시 얼른 현실 속 고통의 순간에서 벗어나야 했고, 다시 자라나는 종양에 대한 두려운 생각을 떨쳐내야 했다.

내면의 나와 깊이 마주하는 동안 나는 조금씩 평온해지기 시작했다. 내가 겪어야 할 가장 큰일을 마주했다고 생각하니 다가올 어떤 어려움도 두렵지 않게 되었다.

복잡한 머릿속을 비우고 내려놓기 위해 나는 매일 감사기도를 노트에 쓰기 시작했다. 새벽에 눈 뜨면 감사기도를 쓰고, 꽃가게에서 일하다가도 감사기도를 쓰고, 저녁에 자기 전에도 반드시 감사기도를 쓰고 잠들었다. 감사기도는 좋지 못한 부정적인 에너지를 비우고 새로운 생각들로 채워주었다. 감사기도를 통해 나는 살아나고 있었다.

감사기도는 내가 살고자 하는 몸부림으로 시작되었다. 감사기도를 매일 쓰면서 내가 소중한 존재이고 사랑받기 위해 태어난 존재임을 깨닫게 되었다. 나 자신을 사랑하게 되었다. 나를 사랑한다고 내게 말하면 어느새 눈물이 흐른다. 나는 나를 치유하고 있다.

좋은 일이든, 좋지 않은 일이든 큰 인생길에 지나가는 과정이라 여기게 되어 모든 것에 감사하게 된 것이다. 감사기도는 매일의 삶 속에 행복의 씨앗을 심는 과정이다. 나의 좋은 밭에 뿌려진 이 씨앗은 살아서 싹을 틔우고 꽃피우고 열매를 맺게 될 것을 안다. 씨앗이란 그런 것이니까. 이렇듯 삶을 바라보는 마음 자세의 변화는 다른 모든 것을 변화시켰다. 나는 감사를 선택하고, 행복을 선택했다.

새로운 삶을 살기 위해 무엇을 변화시켜야 할까? 변화시켜야 하는 것은 오직 나 자신이다. 모든 것은 나로부터 비롯된다. 많은 사람들은 자신의 마음속에 심어놓은 한계 때문에 도전하지 못하고 제자리걸음을 하고 있다. 현재 자신의 삶을 극복하고 싶다면 먼저 나 자신을 발견하고 사랑하게 되는 감사의 기도를 해보라. 행복의 씨앗을 심어라.

 나는 행복의 비밀을 깨달았다. 행복의 비밀은 감사를 통해 얻어지는 것이다. '깨닫다'라는 말은 어떤 의미인가. 깨달음은 무언가를 깨닫고서 그 깨달은 것을 삶 속에 녹여내느냐에 달려 있다. 깨닫기 전후의 삶이 같다면, 그것은 깨달은 것이 아니다. 깨달았지만, 체화되지 않는 것들은 여전히 내 것이 아니므로 그저 흘러가는 정보일 뿐이다. 삶에 적용되어 나타났을 때, 깨달음은 지식이 되고 지혜가 된다.

 감사함으로 하루를 시작하고 감사로 하루를 정리하라. 말의 힘은 강력한 생명력이 있어 싹이 나고 자라게 된다. 감사기도를 적극적으로 노트에 쓴 지 얼마 안 되어서 나에게 좋은 일들이 생겨나고 있다. 보고 싶은 것만 보인다는 말이 현실로 나타난다는 것을 깨닫게 된다. 나의 일상 곳곳이 감사할 일, 행복한 일들로 가득하게 되었다.

 "그는 시냇가에 심은 나무가 철을 따라 열매를 맺으며 그 잎사귀가 마르지 아니함 같으니 그가 하는 모든 일이 다 형통하리로다."

– 《성경》 시편 1편 3절

 꽃보다 향기로운 날들

사진 : 김은옥

　내 신앙의 뿌리가 된 이 시편은 내가 꿈꾸는 삶이다. 시냇가에 심은 나무가 온 우주의 창조주 하나님께 뿌리를 내리고, 그곳에서 주어지는 창조의 에너지로 무성한 나무가 되고, 열매를 맺어서 그 열매를 많은 사람들에게 나누고 또 나누어주어도 마르지 않는 샘물처럼 나누며 사는 삶을 꿈꾼다.

03
나는 지금
너무 행복하고 감사하다

지금 당장 나에 대한
생각과 느낌을 바꾸기 시작하라.
당신을 중심으로
주위 환경이 달라지기 시작한다.

– 김도사의 《기적수업》 중에서

　현실을 이기려는 나만의 노력으로 시작된 감사습관은 나의
일상을 완전히 바꾸어놓았다. 감사기도를 쓰기 시작해서 4개
월 정도 되었을 때, 나에게 작은 변화들이 생겨났다. 매일 반복
적으로 듣던 라디오나 세상의 다양한 정보들이 전혀 관심 밖
의 것들이 되었다. 온전히 내 생각과 마음을 지키는 것이 가장
중요한 우선순위가 되었다. 혼자만의 시간을 많이 갖고 명상과

확언을 반복했다. 그렇게 시간을 보내니 점점 마음이 평온해지고 근심이 사라졌다. 의식적으로 좋지 않은 생각들을 잘라내고 원하는 것들을 반복적으로 되뇌었다.

감사노트에 빼곡히 채워진 글들이 웃음을 잃어버린 나를 웃음 짓게 하고 행복하게 한다. 일과를 마치면 텔레비전 드라마나 핸드폰 영상을 보며 시간을 흘려보내던 내가 책상에 앉아 책을 보며 글을 쓰고 있다. 나의 변화는 내가 생각해도 놀랍다.
사람은 잘 변하지 않는 법인데 어떻게 이렇게 짧은 시간에 많은 것들이 바뀔 수 있었을까. 감사기도를 매일 쓰며 나는 나를 점점 더 깊이 들여다보게 되고 지난 삶들을 회상하며 기록하게 되었다.

생각을 기록하다 보니 책을 쓴 작가들의 생각이 알고 싶어졌다. 다른 사람들은 어떻게 사유하는가에 관심을 갖고 글을 보니 숙제 같았던 책 읽기가 즐거운 놀이가 되었다. 학창시절에 읽었던 책들을 다시 보니 선명한 메시지가 나의 마음에 새겨진다. 그중 톨스토이(Leo Tolstoy)의 〈사람은 무엇으로 사는가〉의 단편들이 새롭게 읽혔다. 작가의 기독교적인 정서가 나와 맞아서 그런지 작가의 깨달음을 온전히 나의 것으로 갖고 싶어졌다.

많이 읽는 것이 중요한 것이 아니다. 한 권을 읽어도 자신을 변화시키는 책을 읽어야 한다. 의식이 확장되는 책을 읽어야 삶이 바뀐다. 의식의 확장이 자기성장이 되고, 이런 사람이 스스로 행복하고 성공적인 삶을 살 수 있다.

《보물지도》의 저자 모치즈키 도시타카(望月 俊孝)는 실패를 거듭했다. 해고와 실직으로 많은 빚을 지고 어려운 상황이었지만, 그때 자신만의 보물지도를 만들고서 신기하게도 자신이 원하는 것들을 이루었다고 한다.

보물지도는 자신이 그린 마음속의 꿈을 이미지로 만드는 것이다. 마음속의 이미지를 그리는 사람들이 자신이 원하는 삶을 산다고 한다. 무언가를 이룬 사람들 대부분이 이런 이미지를 그린 사람들이다.

나의 내면에 잘못 짜인 프로그램을 하나씩 수정해나가며 자신만의 꿈의 이미지를 그려보자. 생각만으로는 쉽게 자신을 변화시키지 못하며, 몸에 밴 습관은 원래의 익숙한 습관으로 돌아가게 된다. 습관을 변화시키려면 무한한 반복과 훈련이 필요하다. 이미지를 그리고 반복해서 우리의 잠재의식 속에 각인을 시켜야 한다.

《성공해서 책을 쓰는 게 아니라 책을 써야 성공한다》의 김태광 작가,《당신은 드림워커입니까》의 권동희 작가,《내가 확실히 아는 것들》의 오프라 윈프리(Oprah Winfrey) 등이 책을 통해 접한 이야기는 나에게 강한 동기부여가 되었다. 모두가 힘든 시간을 잘 극복한 성장 스토리다. 나도 힘든 현실을 견디기 위해 글을 쓰게 되었다.

오래전부터 나는 내 이름으로 된 책을 써보고 싶다는 생각을 하며 살았다. 그렇다고 내가 크게 성공했거나 위대한 삶을 산 것은 아니다. 그저 지난 나의 삶을 사람들과 공유하고 싶었다. 그런 막연한 생각으로 지내던 중 우연히 김태광 작가의 책을 읽게 되었다. 글이 술술 읽힐 뿐만 아니라 그분의 인생 여정이 내게 감동을 불러일으켰다. 그는 20대 시절, 작가가 되기 위해 5년 동안 출판사들로부터 500번 이상 퇴짜를 맞아야 했다. 그리고 꿈을 향해 한창 달려가던 시기였던 스물여덟 살 때, 아버지가 음독으로 세상을 떠나는 시련을 겪어야 했다. 그 후에도 그는 많은 시련과 역경이 있었지만, 이겨내고 자신의 모든 꿈을 이루었다.

그는 개인적으로 300여 권의 책을 집필한 내공으로 15년 동안 1,200명의 평범한 사람들을 작가로 만들었다. 나는 김태광 작가가 '한국책쓰기강사양성협회'를 설립해 글쓰기, 책 쓰기 교육과정을 운영한다는 것을 알게 되었다. 바로 책 쓰기 교육과정에 등록했다. 운명 같은 그와의 만남은 나를 새로운 삶으로 이끌었고, 어느새 원고를 작성하고 출판사와 계약하기에 이르렀다.

나는 이 책을 쓰면서 나의 삶을 돌아보게 되었다. 과거와 비교했을 때 많이 단단해졌고 성장했다는 것을 알 수 있었다. 나는 글을 쓰면서 진정으로 나 자신과 만나는 시간을 가지게 되었다. 앞으로 어떻게 살아가야 하는지도 생각해보는 계기가 되었다.

내 이야기를 책에 쓰다니 과연 그게 가능할까? 나와는 거리가 먼 일이라고 생각했던 일을 내가 지금 하고 있다. 책 쓰기는 가장 강력한 자기계발이다. 사람은 누구나 자신만의 영감과 지혜를 갖고 있다. 나처럼 평범한 사람도 글을 쓰고 책을 내는 것을 보고 당신도 도전하라고 말하고 싶다. 전혀 다른 세계가 펼쳐질 것이다.

글로 쓰인 나의 이야기는 더 이상 나를 슬픔 속에 가두어두지 못하고 문을 열고 나오게 했다. 문밖에서 나는 내가 있던 곳을 바라보고 있다. 진정으로 원하는 것이 무엇인지 모르고 막연히 그저 열심히만 살았던 내가 이제는 꿈을 그리고, 설레는 꿈을 마음에 새기게 되었다. 나의 이야기는 삶의 어려운 순간을 지혜롭게 극복한 행복한 이야기로 쓰고 싶다. 나의 이야기가 아픔 있는 누군가에게 위로가 되고 공감이 되어 다시 일어날 힘을 줄 수 있다면 좋겠다.

삶의 방향과 목적지가 정해지니 시간이 너무 소중하다. 더 열심히 나를 가꾸고 성장해나가고 싶다. 내 안에서 나를 이끄는 에너지의 근원을 발견했으니 나는 그 동력의 스위치를 켜기만 하면 되는 것이다.

감사하다고 소리 내어 말하면 감사한 마음이 에너지를 증폭시켜 점점 더 행복감에 젖게 된다. 이렇게 나에 대한 내면의 생각과 느낌이 좋은 에너지로 바뀌어간다. 나는 매우 안정적이며 눈부시게 아름다운 삶을 살며 평온한 영혼으로 무엇보다도 행복한 사람임을 나에게 선언한다!

내면을 긍정의 에너지로 채워라. 그러면 당신도 분명 행복을 이야기하고, 진정으로 원하는 꿈을 말하고, 그것을 향해 전진할 것이다. 그리고 어느새 성장한 자신을 보게 될 것이다.

나를 누구보다도 사랑하게 되고 행복해진다. 두려움이 사라진다. 현실의 어려움 따위는 그저 지나가는 과정이라 여기게 된다.

꽃보다 향기로운 날들

04
나는 매일
행복해지기로 했다

꽃가게 비닐하우스는 여름에는 고온과 습도를 조절해야 하고, 겨울에는 일정한 온도로 난방해야 하는 숙제가 있다. 여름은 환기 시설과 하우스 양옆의 개폐를 통해 열을 빼내어 온도조절이 가능하지만, 겨울은 비닐하우스 온도를 일정하게 하는 것이 늘 숙제였다. 20년이 다 되도록 연탄, 갈탄 난로, 목재 난로 등 여러 가지 난방을 해왔다. 꽃집을 이전하고 비닐하우스를 새로 지어 난방을 할 때, 우리는 다시 연탄을 선택했다. 매일 같은 시간에 갈아야 하는 번거로움은 있지만, 일정 온도를 유지하기엔 가장 좋은 방법이라 여겼다.

남편은 매일 같은 시간에 연탄을 갈고 연탄재를 치우고 새 연탄을 쌓아놓는 일을 도맡아 했다. 남편은 정말 성실한 사람이

었다. 오랜 세월 교회 새벽기도 차량 운전을 했고, 그렇게 몸에
밴 습관대로 새벽기도로 아침을 시작했다. 동네 사람들은 해
마다 겨울이면 이른 아침 꽃집에서 큰길까지 연탄재로 빙판길
을 정비했던 사람으로 남편을 회상했다. 그런데 그 길에서 사
고가 났다며 안타까워했다. 좋으신 분이었다고 위로해주었다.

나를 걱정하는 지인들이 하나둘씩 꽃가게에 들러서 안부를
물었다. 남편의 부재로 내가 혼자 감당해야 하는 일들이 무엇
인지 도와주려고 여기저기 둘러 보셨다. 참으로 많은 분들이
크고 작은 일들로 도움을 주셨다.

남편이 주로 하던 연탄 난로는 내게 가장 큰 숙제였다. 연탄
난로는 아직 몸이 불편한 내가 감당하기가 조금 어려웠다. 연
탄을 없애려면 꽃집 환경부터 바꾸어야 했다. 건설 정비 분야
의 전문가인 선배는 연탄 대신 전기를 이용한 냉온풍기로 바
꾸는 것을 도와주셨다. 냉온풍기를 설치하려면 열 손실을 막기
위해 내부 공사를 해야 했다. 전기와 내부 인테리어 등 여기저
기 수리해야 하는 일들을 도맡아 해주셨다.
가게가 편리하고 쾌적하게 정리되어갔다. 평소 사업으로 바
쁘신 분이 어려움에 부닥친 후배를 위해 자신의 일처럼 챙겨
주셨다.

더운 여름날, 교회 집사님이 지나는 길에 들렀다며 안부 차 찾아오셨다.

"꽃 냉장고 전등이 고장 났나? 어두워 보이네?"

꽃 냉장고를 둘러보더니 전등만 교체하면 새것처럼 쓸 수 있 겠다고 했다. 수리업체에 연락하는 것이 아니라 본인이 교체 작업을 해주시겠다고 한다. 전기전문가였다는 사실을 그때 알 았다. 오랜 세월 교회에서 인사하고 지냈어도 무슨 일을 하는 지 모르고 지냈었다.

전등 교체 작업은 오래된 꽃 냉장고라서 한나절은 걸렸다. 집 사님은 한여름에 하우스 안에서 땀방울을 흘리며 수고해주셨 다. 그리고 사온 재료비 외에는 돈은 일절 받지 않겠다고 하셨 다. 너무나 미안하고 감사했다. 나도 어려움에 부닥친 누군가 에게 꼭 갚으리라 다짐했다.

꽃 냉장고에 LED 전등이 환하게 켜지니 가게 전체가 밝고 환 해졌다. 냉장고 안의 꽃들도 조명을 받아서 더 예뻐 보였다. 내 마음도 환하게 밝아졌다.

꽃가게에 정기적으로 물건을 납품해주시는 분들이 있다. 내 가 시장에서 사 오는 것들도 있지만, 매번 대량으로 쓰는 것들 은 일주일에 한 번씩 가게로 직접 납품해주신다. 꽃 자재상, 화분, 나무 납품 등 모두 꽃가게 시작과 함께한 분들이다. 이분들도 매주 순회를 오실 때마다 꽃가게 주변을 돌아보며 도와줄 일이 뭐가 있을까 하며 살펴주신다. 공구함까지 들고 오셔서 하우스 비닐을 묶고, 위험한 소품을 안전하게 지지해주고, 대를 세워주는 일들을 자처해서 해주셨다.

남편과 가장 가까웠던 후배가 꽃가게 옆의 아파트에 살고 있다. 그는 매일 저녁을 먹고 나면 꽃가게 앞을 산책하며 방범을 자처한다. 실제로 동네 방범대에서 남편과 함께 오랫동안 봉사 활동을 했다. 후배는 밤마다 불 꺼진 꽃가게 앞을 산책하거나 테이블에 앉아 혼자만의 휴식을 갖기도 하고, 가끔 내가 밤늦도록 일할 때면 든든한 보초병이 되어준다.

오래전에 읽었던 톨스토이 단편집 《사람은 무엇으로 사는가》의 내용이 떠오른다. 이 책에는 갓 태어난 쌍둥이 아이들의 엄마를 천국에 데려가야 하는 천사 이야기가 나온다. 나무꾼인 남편은 나무를 하다가 죽게 되고, 혼자서 쌍둥이를 낳은 엄마는 아이의 젖도 물리지 못한 채 죽어간다. 천사는 엄마마저 데려가면 그 아이들은 그대로 죽을 거라 생각했다. 그러다 훗날 아이들이 좋은 환경에서 좋은 부모를 만나 사랑을 듬뿍 받으며 자라는 모습을 보게 된다. 그때 천사는 '사람은 무엇으로 사는

가'의 깨달음을 얻는다.

사람들은 자기 자신을 염려하며 스스로 돌보며 살아가는 것 같지만, 오직 주변 사람들의 사랑으로 살아간다는 사실을 알게 된다. 천사도 생각지 못한 상황들로 사람은 살아간다. 남편과 나를 아는 지인들, 동네 사람들이 따뜻한 시선으로, 사랑의 마음으로 나를 바라보고 있있다. 어서 회복하기를 바라는 마음을 애써 말하지 않아도 알 수 있다.

이른 아침, 가게 앞은 계절을 느낄 수 있는 다양한 채소들로 수북하다. 이런 가게 앞 풍경이 정겹다.

"농아 아주머니가 다녀갔나?"

"길 건너 농장 사장님이 옥수수를 수확했구나."

"늙은 호박은 추수감사절에 장식하면 좋겠다."

대부분 누가 갖다 놓았는지도 모르지만, 나를 걱정하는 마음에 수확한 작물을 통해 안부를 묻고 있다는 것을 나는 알고 있다.

사랑은 공기같이 내 주변에 흐르고 있다.

내가 앞으로를 걱정하고 '어떻게 살아야 하나?'를 염려했을 때는 마치 세상의 끝에 서 있는 것 같았다. 하지만 삶이 고통스러울수록 사랑을 실천하는 것이 가장 오래된 위대한 진리이

사진 : 김도형

고 깨달음이다.

사람이 어려움에 부닥칠 때 절망하는 것은 자신의 행복을 위해 살고 싶어 하기 때문이라고 한다. 그러나 누군가를 향한 사랑의 표현은 영혼을 살리고 자기 자신도 살아나게 한다. 다른 사람의 마음을 들여다보며 마음을 나누는 것이 비로소 내가 행복해지는 것임을 사람들은 삶으로 나에게 보여주었다.

나는 매일 행복해지기로 했다.

 꽃보다 향기로운 날들

05
네가 웃으면
나는 행복하다

많은 사람이 무엇이 진정한 행복인지에 대해 잘못된 생각을 가지고 있다. 행복은 자기만족에 의해서가 아니라 가치 있는 목적에 충실함으로써 이루어진다.

– 헬렌 켈러(Helen Keller)

우리 동네에는 귀가 안 들리고 말을 못 하는 농아 아주머니가 있다. 귀가 들리지 않으니 말을 배우지 못했을 것이다. 말을 못 하고 듣지도 못하니 가족이 있는지, 생계는 어떻게 하는지 사람들은 그저 짐작만 할 뿐 이분의 사정을 아는 사람은 없어 보인다. 농아 아주머니는 늘 손수레를 끌고 다니시는데, 저 멀리서 농아 아주머니가 보이기 시작하면 나는 손을 흔들어준다. 그러다 한동안 동네에서 보이지 않으면 어디가 아픈 것은 아닌가, 무슨 일이 있나 걱정이 된다. 귀가 들리지 않으니 차 소리나 경적 소리를 듣지 못해 사고가 난 일도 여러 번 있었다.

농아 아주머니를 처음 만난 것은 화원을 이전해 오픈하고 조금 지났을 때다. 아주머니가 우리 화원에 찾아왔다. 화원에 재활용품들을 수거할 것들이 있나 찾는 것 같았다. 구겨진 캔을 보여주며 모아달라고 했다. 캔을 모아서 얼마나 돈이 될까 한참을 몸을 써서 대화하지만, 알아듣는 것은 한두 마디 정도였다. 손짓으로 눈으로 느낌으로 아주 조금 소통할 수 있었다.

나는 뭔가 도움을 주고 싶었다. 돈이 되는 재활용품이 어떤 게 있을까 보니 소주병이 그나마 돈이 되었다. 그때부터 나는 주변의 소주병들을 모아놓았다. 술 드시는 사람들에게 소주병은 나에게 주라고 부탁했다. 형부가 드시는 소주병만 모아도 한 박스는 금세 되었다. 소주병으로 아주머니와 나는 정기적으로 만나는 사이가 되었다.

아주머니는 내가 무언가를 하나라도 주면 그냥 지나가는 법이 없다. 꼭 다음 날이나 며칠 후면 꽃가게에 우렁각시가 다녀가 있다. 가게 문 앞에 오이, 호박, 가지, 각종 채소들이 놓여 있다. 어떻게든 마음을 표현하려고 한다. 나는 이 아주머니 덕분에 농사도 안 지으면서 사계절 내내 매일 신선한 채소를 먹고 산다.

어느 날 손뜨개로 예쁜 꽃을 만들어왔다. 두 가지 색상을 이용해 만든 꽃 수세미였다. 너무 예뻐서 수세미로 쓰지 않고 한동안 꽃가게에 장식해놓았다. 색상 선택이 탁월하고 감각이 뛰어났다. 하나님은 이분께 이런 재능을 주셨구나. 내가 너무 좋아하면서 대단하다고 엄지 척을 해대니 쑥스러운 듯 수줍게 웃는다. 그런데 이 수세미는 시작에 불과했다.

그 후부터 나에게 여름용 망사 덧신, 겨울용 목도리, 손가방, 필통, 핸드폰 가방, 커텐, 테이블 커버 등 너무나 수준 높은 것들을 떠서 건네었다. 내 삶 곳곳에 아주머니의 손뜨개 작품으로 가득하다. 그중 손가방은 단연 최고다. 어느 명품 가방이 부럽지 않다.

우리는 말이 통하지 않아도 눈빛만 보아도 서로 웃는 마음이 통하는 사이가 되었다. 아주머니가 나에게 준 것들을 떠올리니 셀 수도 없이 많았다. 내가 그분께 조금이나마 도움을 주려고 시작된 관계가 오히려 내가 받는 관계가 되었다. 내가 위로를 받고 내 삶이 더 풍성해졌다. 감사한 일이다.

행복은 어디서 오는지에 대해 생각할 때 나는 농아 아주머니가 떠오른다. 농아 아주머니는 자신이 할 수 있는 일들을 찾아 무엇이든 최선을 다하는 모습이다. 그것이 폐지를 줍는 일이든, 자투리땅에 농사를 짓는 일이든, 온 동네를 열심히 돌아다닌다. 자신만의 방식으로 다른 사람에게 이로움을 준다.

어느 날은 무엇인가 억울한 일이 있었는지 한참을 손짓으로 나에게 이야기한다. 나는 도무지 알아들을 수 없었지만, 그저 고개를 끄덕이며 한껏 공감해주었다. 손도 잡아주고 등도 쓸어주면서 많이 힘들었겠다고 내 마음을 표현했다. 그러고 나니 내 얼굴을 한참 바라보다가 한결 좋아진 표정으로 손을 흔들며 간다. 내가 알아듣지 못했어도 그녀는 본인만의 방식으로 삶의 찌꺼기를 걷어내는 일을 한 것이다. 아주 적극적으로 말이다. 그렇게 꽃집을 나가며 웃는 눈을 보면 나는 새삼스레 행복하다.

농아 아주머니가 자신에게 주어진 것에 최선을 다하고 나름의 삶의 방식으로 '잘 살아가는 모습'은 가끔 나를 부끄럽게 한다. 말할 수 있고 들을 수 있고 마음을 표현할 수 있는 나는 어떠한가. 나를 돌아보게 된다.

누구나 꽃을 보면 기분이 좋아진다. 꽃을 보며 화를 내는 사람은 찾아보기 힘들다. 그런데도 아주 드물게 표정이 어둡게 꽃집에 오는 사람들도 있다. 무슨 안 좋은 일이 있었는지 내면에 가득한 그 무엇을 어딘가에 쏟아내야 하는 표정이다.

우리는 나름의 방식으로 삶의 찌꺼기들을 쏟아내고 건져내는 훈련을 해야 한다. 잠시 멈추고 나의 내면을 들여다보아야 한다. 그러지 않으면 나의 소중한 사람들에게 좋지 못한 감정이 흘러가게 될 것이다. 그것은 서로에게 상처로 남는다. 회복하는 데는 또 얼마나 많은 노력이 필요한가.

내면이 좋지 못할 때 꽃만큼 위로가 되는 것도 없다. 고3 늦은 가을날이었다. 진학할 대학을 정하고 상담하는 기간이었다. 나름 성실한 학생이었던 나는 학창시절 단 하루 일탈을 했다. 나는 온종일 정처 없이 걷다가 꽃집 앞에서 발걸음을 멈췄다. 세상 고민을 다 짊어진 것 같은 표정이었을 것이다. 나는 그때 굉장히 어두운 시간을 보내고 있었다. 친구들은 어느 대학을 갈까 온통 대학 고민들을 하는데, 가난한 나는 아무런 계획이 없었다.

대학시험을 치르지 않는 나에게 고등학교 3년은 안개가 자욱한 대해에서 목적지 없이 항해하는 배와 같았다. 발걸음을

멈춘 채 한참을 꽃집 앞에 있었나 보다. 지나가는 학생인 나에게 꽃집 사장님은 목이 부러진 장미를 철사로 연결해서 주었다. 핑크빛 향기가 은은한 세피아 장미였다. 그날 건네받은 핑크 장미는 잊지 못할 기억으로 남아 있다.

꽃 정리를 하면서 목이 부러진 장미를 볼 때면 철사로 이어서 테이핑을 해놓는다. 얼굴도 기억나지 않는 그 옛날 꽃집 사장님이 생각난다. 때로는 어떠한 말보다도 마음을 읽는 작은 행동이 한 사람의 영혼을 살아나게 한다.

꽃보다 향기로운 날들

06
머무는 순간이
이야기가 된다

차로 우리 가게에 오려면 도로 끝에서 논길로 꺾어져서 한참
을 들어와야 한다. 그 꺾어지는 지점에 샘물교회가 있다. 샘물
교회는 은퇴한 목사님이 주변 텃밭을 가꾸며 사시는 곳이다.
우리 가게는 논 가운데에 있어서 지번만 있고 도로명 주소가
없다. 꽃집을 열고 꽃집으로 오는 우편물들이 도로명 끝에 있
는 주소지로 발송되었는데, 그곳이 샘물교회다.

처음엔 목사님이 우리 우편물들을 직접 들고 꽃가게에 오셨
다. 지금은 우편물 배송하시는 분들이 우리 가게를 모두 알게
되었지만, 초기에는 번거롭게 해드려서 미안하고, 물건을 맡
아주시니 또 감사했다. 감사한 관계의 시작, 그렇게 인연이 되
었다.

이 작은 교회에서는 목사님 자녀와 손녀들이 함께 가족 예배를 드린다. 은퇴한 목사님이 자녀들과 가족 예배를 드리는 풍경은 생각만으로도 따뜻해진다. 이 따뜻한 예배 자리에 나는 절기에 맞는 장식이나 꽃을 드리곤 한다. 꽃은 마음을 연결해주는 힘이 있다. 공간에 생기를 불어넣어 주고 이야기를 낳는다. 손녀들이 꽃을 보며 좋아했노라고 말씀하실 때 목사님은 사랑스러운 손녀를 떠올리는 듯한 행복한 표정이다.

봄에는 봄을 알리는 봄꽃과 여름에는 싱그러운 식물들, 가을에는 국화, 겨울에는 크리스마스트리를 장식한다. 꽃집을 하는 나로서는 내가 할 수 있는 작은 일인데도 목사님은 좋은 것이 있으면 들녘에 나가는 농부 모습으로 푸근하게 우리 가게에 들러 고마운 마음을 표현해주신다.

추수감사절을 보내고 홍시와 단감을 한 보따리 들고 오셨다. 추수감사절에 놓은 포인세티아 화분이 너무 예쁘다고 하시며 꽃을 좋아하는 손녀들과 보낸 이야기를 들려주셨다. 참 따뜻하고 고마운 일이다.

남편의 사고를 뒤늦게 알았다며 나를 위로해주시려고 오셨을 때는 고구마를 한 아름 구워오셨다. 맛있는 고구마를 어찌나 많이 구워오셨는지 몸 생각해서 잘 먹으라던 목사님 마음

꽃보다 향기로운 날들

을 느낄 수 있었다.

도시의 번잡한 곳에서 꽃집을 했더라면 경험하지 못할 도심 속 시골 풍경 같은 농원의 일상이 나를 평화롭고 행복하게 한다. 나는 언제나 내가 남들에게 한 것보다 더 많이 넘치게 받고 사는 것 같다.

꽃가게가 아파트 뒤쪽에 붙어 있다 보니 가끔 늦은 시간에 다급한 전화가 걸려온다. 퇴근하고 집에 들어가는 길에 가족의 생일이나 기념일을 챙겨야 한다며 꽃집 영업이 끝났는지, 늦은 시간 꽃을 살 수 있는지 묻는다. 나는 잠시 머뭇거리다 오시라고 한다. 나는 영업 시간이 지났어도 다음 날 주문을 준비하며 늦게까지 일할 때가 많다. 손님들은 바쁜 일과에 시간이 늦은 줄도 몰랐다며 꽃을 살 수 있어서 다행이라 한다.

"사장님이 한 가정을 살린 거예요, 하하하."

추위가 몰려온다고 한다. 꽃집 주변을 살피며 '올겨울은 어떻게 따뜻하게 보낼까' 하며 트리를 준비하고 있었다. 오늘도 영업 시간이 지났는데 늦은 시간에 한 중년의 손님이 오셨다. 아내 생일이라며 아내가 좋아할 소담한 꽃을 선택했다. 나는 집 안을 향기롭게 할 향기 있는 꽃을 함께 구성해서 예쁘게 포장했다. 그리고 생일 축하 메시지를 써 드리려고 했다.

"메시지는 어떻게 써드릴까요?"

평소에 많이 표현하는 애정이 담긴 문구를 보여드렸다. 그랬더니 아내의 생일을 맞아 아침부터 온종일 아내를 생각하며 시를 지었다며 시 한 편을 내미는 것이 아닌가.

"너무 멋지네요. 시인이신가 봐요."

손사래를 치며 처음으로 시를 써보았다며 쑥스러워한다. 나는 보여주신 시를 손글씨로 써드렸다. 이렇게까지 정성스럽게 아내 생일을 준비하는 분은 흔하지 않다. 온종일 한 줄 글을 쓰면서 아내와의 모든 순간을 되짚어보며 지나온 삶을 정리하는 시간이었을 것이다.

"이렇게 생각을 표현하면 시인이지요" 하니 이제부터 시를 써야겠다고 한다. 아내에게 들려줄 시를 쓰면서 보낸 오늘 하루가 너무 행복했다고 했다. 머지않아 시집을 출간해서 들고 오실 것 같다.

"나는 바보입니다.
왜 사는지 잊고 살았죠.
나는 바보입니다.
무엇이 우선인지 잊고 살았죠.
지키려 했지만 무엇을 지키려 했는지,
힘겹게 달렸지만 왜 달리려 했는지,

  꽃보다 향기로운 날들

그 작은 시작은 소중한 사람….

그 사람임을 잊고 있었습니다.

나는 바보입니다.

그래서 이젠 모두 잊고 살려고 합니다.

진짜 바보가 되려 합니다.

단 하나 내게 가장 소중한 사람,

그녀만을 생각하는 바보가 되려 합니다.”

진심이 담긴 시와 함께 꽃을 받을 아내의 행복을 살짝 엿보는 나도 참으로 행복하다.

07
새벽은 온전히
나를 만나는 시간

남편과의 이별은 나의 의지로 어떻게 할 수 없는, 감당할 수 없는 시련이었다. 내 시간이 멈추어버렸다. 내 몸을 누군가가 살짝이라도 건드리면 내 안에 가득 찬 슬픔이 금방이라도 쏟아져 나올 것 같았다. 나의 몸은 슬픔으로 가득한 항아리 같았다. 새벽이 오면 교회에 나가 아무에게도 방해받지 않고 목놓아 울었다. 슬픔은 강물처럼 끝없이 흘렀다. 나에게는 남편의 죽음을 받아들일 시간이 필요했다. 새벽은 온전한 나만의 시간, 나의 깊은 내면을 마주하는 시간이다.

의식과 영혼에 관한 생각을 할 때면 나는 20대에 경험한 어떤 장면이 떠오른다. 스물다섯 살, 병원에서 근무할 때의 일이다. 의료원이라 병동에는 행려환자들이 여럿 있었다. 행려환자는 길에 쓰러져서 병원에 입원하게 된 환자를 말한다. 응급 상황을 잘 치료해서 보호자에게 보내지기도 하고 보호자가 없을 경우, 입원해서 긴 회복시간을 보낸 후 퇴원하게 된다. 보호자가 없는 이 환자들은 길에서 생활하다가 병원에 와서 깨끗하게 치료받고, 또 한참 지나 다시 길에서 발견되어 오시기를 반복했다.

이 환자도 여러 번 왔기에 한 번에 알아보았다. 그러나 이번에는 몸 상태가 많이 위중했다. 보호자가 꼭 필요했다. 임종을 직감했기에 어떻게든 연고자를 찾아 연락하기를 일주일 이상이 지나갔다. 지금 기억으로는 당뇨와 간 질환으로 복수가 차 있었다.

나는 오전 근무로 7시 전후에 환자 상태에 대해 인계를 받았는데, 그때 이미 동공이 열려 있었다. 맥박도 거의 미세해서 간신히 살아 있는 상태였다. 눈을 깜빡일 기력도 안 되기에 거즈에 식염수를 적셔서 눈이 마르지 않게 해야 했다.

이 환자는 6인실 병실 끝에서 오랜 시간 출입문만 바라보고 있었을 것이다. 오후 2시가 되었을 무렵, 병실 문 앞에 잘 차려 입은 건장한 젊은 남자와 밍크코트를 입은 중년 여성이 들어오고 있었다. 무슨 사연이 있는지 알 수 없지만, 통곡도 오열도 없는 아무 말 없이 지나간 임종의 시간이었다. 나는 그날이 잊히지 않는다.

보호자인 이들이 저 멀리 문 앞에 들어섰을 때, 나는 환자의 눈에서 한 줄기 눈물이 흘러내리는 것을 보았다. 그리고 그는 눈을 감았다. 생물학적으로는 동공이 거의 열려 있었기에 그들이 오는 것을 볼 수가 없었을 것이다. 하지만 나는 그 환자의 영혼이 육체를 떠나지 못하고 마지막 순간까지 버티고 있었다는 것을 알았다.

죽음이란 육체와 분리된 영혼이 원래 있었던 곳, 천국의 집으로 돌아가는 것이다. 자신에게 주어진 천사적인 사명을 다했을 때 돌아간다고 한다. 질병으로 고통당하던 환자는 병든 몸을 벗고 자유로워졌을 것이고, 나의 남편 또한 육체의 틀 안에서 벗어난 자유로운 영혼이 되어 나를 지켜보고 있을 것이다. 남편의 천사적인 사명 중 하나가 어리석은 나를 깨닫게 하는 것이었나 보다.

죽음을 깊이 생각할수록 마음이 평안해졌다. 나도 원래 있었던 그곳을 향해서 가고 있다고 생각하니 더 이상 슬프지 않았다. 남편과 함께 살 때보다도 더 가까이 함께 사는 것 같다. 나의 남은 시간도 모래시계처럼 흘러가고 있다. 때를 알 수 없는 죽음을 향해 달려가고 있다고 생각하니 내가 어떻게 살아야 하는지 지혜를 구하게 된다. 나의 중심을 어디에 두고 무엇을 위해 살아야 하는가.

전국 꽃 배달이 주 업무이다 보니 밤낮없이 전화와 문자로 분주한 하루를 보낸다. 축하 꽃은 행사 시간에 맞추어야 하고, 근조 화환은 장례 일정에 맞추어야 하기에 고객의 주문에 집중하며 생활한다. 유일하게 핸드폰에서 자유로운 시간, 바쁜 일상을 벗어나 온전한 나만의 시간이 새벽 시간이다.

나의 깊은 내면을 마주하는 이 고요한 시간에 나는 내 안에서 들리는 소리에 귀 기울여본다. 슬픔이 밀려올 때는 울기도 한다. 좋지 못한 감정이나 생각들이 떠오르면 그 일에 대해 내가 원하는 가장 좋은 결과를 생각해본다. 나에게 일어나는 모든 일은 그 결과를 향해 가는 과정이라고 생각한다. 그러면 좋은 에너지로 바뀐다. 행복하고 감사한 마음이 된다. 긴 호흡을 통해 머릿속의 다양한 생각들이 정리된다.

눈을 감고 하루를 미리 살아보는 그림을 그려보기도 한다. 그러면 마음이 평온해지고 넉넉해진다. 이렇게 아침을 시작하면 아무리 많은 일도 서두르지 않고 순조롭게 잘 대처하게 된다.

마음의 평정심을 가지고 하루를 잘 보낼 수 있다.

청소할 때, 행주를 깨끗이 빨아서 사용해야 깨끗하게 닦을 수 있다. 우리의 삶도 마찬가지다. 매일 세수하고 양치하듯이 습관처럼 마음도 씻어내고 덜어내야 한다. 명상을 통해 내면을 들여다보고 좋지 못한 감정의 찌꺼기들을 매일 털어내고 씻어내어야 한다.

나 자신에 대한 근심과 걱정을 멈추고 맑은 마음이 되었을 때, 내가 하는 수고가 빛을 발하고 내 마음이 투영되어 다른 사람의 마음도 맑게 할 수 있다.

행복은 습관을 통해 나에게 오고 있다. 나는 매일 행복해지기로 했다. 세상에는 나의 의지로 할 수 있는 일과 의지대로 할 수 없는 일이 있다. 나의 의지로 할 수 없는 일을 붙잡고 고통 속에 살아갈 수는 없다. 행복해지기로 마음먹는 것은 나의 의지로 가능한 일이다.

무언가를 이루었을 때가 아닌 아무런 이유 없이도 행복해질 수만 있다면 그것이 진짜 행복이다. 진정한 행복과 자유는 외부의 조건과 환경이 아닌 내 안에서 찾아야 한다. 마음의 평화를 잃고 무언가를 이룬다고 한들, 그것이 무슨 의미가 있을까.

꽃보다 향기로운 날들

　삶의 크고 작은 일들이 모두 모여 나를 이루어가고 있다. 자연의 질서에 따라 조화롭게 흘러가며 평정심을 유지하며 살아갈 수만 있다면, 그것이 진정한 행복이라고 생각한다.

3장

오늘도 행복에
진심입니다

01
꽃 정기구독 -
백 살 어머니께 매주 드리는 꽃

꽃 정기구독이란, 정기적으로 꽃을 구매하고 배송하는 것을 말한다. 보통 1주에 한 번이나 2주에 한 번이다. 몇 년 전부터 쇼핑몰 꾸까를 시작으로 이제는 동네 꽃집에서도 정기구독이 일반화되었다. 동네 꽃집의 정기구독은 택배 배송보다 배송시간이 짧아서 꽃이 신선하고 문제 발생도 적다. 또 궁금한 점이 있을 때 피드백을 빨리 받을 수 있어서 만족도가 높다.

꽃을 살까 말까 고민하지 않고 매주 정기적으로 집 안에서, 사무실에서 싱싱한 꽃을 받아볼 수 있어서 좋다. 코로나를 지나면서 집 안에 있는 시간이 많아지다 보니 집 안을 쾌적하게 꾸미면서 자연스레 꽃 문화도 바뀌게 되었다.

꽃은 보통 특별한 날 누구에게 선물로 받는 것이 일반적이었다. 그러나 정기구독은 나에게 선물하는 느낌이어서 좋다고 한다. 나를 사랑하는 마음이 들게 된다. 집 안에 꽃병이 놓이면 왠지 모르게 정돈되고 깨끗한 환경으로 변한다. 그리고 꽃을 보며 한 번씩 더 웃게 되니 작은 꽃 하나의 나비효과는 삶을 좀 더 긍정적으로 살게 하고 행복감을 갖게 해준다.

"굿모닝."
"사장님, 지금 들려도 됩니까?"
"네, 준비되었습니다."

월요일 아침이면 새벽 꽃 시장을 다녀온다. 분주하게 새로 사온 신선한 꽃들을 정리하고 있으면 '띵동!' 하고 카카오톡 메시지가 온다. 꽃 정기구독 고객이다. 이분은 치매를 앓고 있는 백 살의 어머니를 모시고 산다. 어머니가 잠드신 시간에 꽃집에 들러서 서둘러 꽃을 가지고 가신다.

꽃을 좋아하는 이분은 오래된 단골손님이다. 평소에는 지인들과 차를 마시러 가는 가벼운 자리에 자주 꽃다발을 들고 간다. 계절을 느낄 수 있는 소재들로 포장이 과하지 않는 소박한 꽃다발을 주문한다.

만나는 분의 숫자만큼 미니꽃다발을 주문하곤 한다. 이런 날엔 예쁘게 단장하고 소녀 같은 모습으로 들어온다. 그리고 한 아름 꽃을 안고 미소를 지으며 가신다. 좋은 사람들을 만나러 가는 뒷모습이 참으로 예쁘다.

이런 날에는 저녁 무렵에 카카오톡으로 사진이 온다. 오늘 사간 꽃다발을 받은 분이 보내주었다며, 꽃병에 꽃을 꽂아 찍은 사진을 함께 보내며 감사하다는 메시지를 받았노라며 보내주신다. 이럴 때는 얼마나 감사한지 모르겠다. 꽃을 파는 보람을 느끼게 해주는 정말 고마운 고객이다. 그날의 피로를 잊게 하는 행복한 순간이기도 하다.

나도 가끔 친구들을 만나러 갈 때면 꽃을 들고 가는데, 그날의 만남은 꽃으로 인해 정말 화기애애해진다. 특별한 날도 아닌 일상의 순간에 꽃을 받는 거라 기분이 더 좋아진다. 함께하는 시간이 풍성해지는 것은 말할 것도 없다. 집 안에 꽃을 꽂으며 그날의 여운에 미소 짓고 있으면, 친구들도 자기 집에 꽂은 꽃 사진들을 보내온다. 꽃이 피어 있는 동안 그날의 즐거운 만남이 긴 여운으로 남는다.

근처 요양원에 매주 꽃이 구독되어 나간다. 요양원에 꽃이 도

착하면 모든 시선이 꽃에 집중된다. 환자도, 직원들도 특별할 것 없는 매일의 일상 속에 일주일마다 새로운 꽃이 장식되는 것은 특별한 즐거움이 되어준다.

"우아, 너무 예쁘다."

금세 요양원의 분위기가 화사하고 밝아진다. 오랜 시간 요양원 안에서만 생활하는 환자들과 직원들을 배려하는 요양원 원장의 마음이 담긴 정기구독이다.

백 살 어머니를 모시고 사는 구독자는 꽃을 사러 꽃집에 방문했을 때, 마침 요양원에 구독 꽃이 배달되는 것을 보았다. 집에 계신 어머니도 꽃을 보시면 너무 좋아하실 것 같다고 하시며 정기구독을 시작하셨다. 그때 백 살 어머니를 모시고 사시는 것을 알게 되었다. 평소 너무나 밝으신 분이라 치매를 앓고 계신 분을 집에서 돌보고 계시리라고는 생각도 하지 못했다. 요즘 세상에 이런 분을 찾아볼 수 있을까.

꽃을 찾으러 오면 소녀 같은 미소를 지으며 좋아하신다. 표정이 얼마나 밝은지 몇 마디만 나누어도 나에게까지 평화로움이 전달되고 기분이 좋아진다.

어느 날, 맛있는 쿠키를 구워오셨다. 방문 요양보호사가 있는 시간이라 차 한잔하면서 쉴 시간은 된다고 했다. 그간 밝은

꽃보다 향기로운 날들

웃음만 보았던 나는 백 살 치매 어머니를 모시는 그녀의 애환을 들을 수 있었다. 치매를 앓고 있어서 인지력이 자꾸만 떨어지는 어머님을 안타까워하며 눈가에 눈물이 가득 고인 채 말씀하셨다.

보통은 이런 일, 저런 일 때문에 힘들다고 하실 텐데, 이분은 전혀 다른 시각으로 말씀하신다. 바로 어머니 입장에서 얼마나 힘들지를 생각하신다. 불편한 몸이기에 자식의 도움으로 모든 것들을 해결해야 하는 어머니의 마음을 생각하며 흘리는 눈물이었다. 상대로 인해서 내가 힘든 것이 아니라, 힘들어하는 대상을 보며 내 마음이 아프다는 것은 차원이 다른 삶의 이야기다.
"어머니가 정말 복도 많으시네요."

진정한 행복은 남에게 받는 것보다 먼저 자신의 것을 내어줄 때 얻을 수 있다. 나는 이분을 보며 자신을 온전히 내어주는 사랑을 보았다. 단지 자식 된 도리나 의무감에서 한다면 정말 괴로운 일일 것이다. 인간적인 깊은 연민과 애정이 몸에 배 있어서 이야기를 듣는 내내 숙연해지기까지 했다. 누군가는 근심, 걱정과 불평으로 살 상황을 한 편의 따뜻한 이야기를 그려내듯 살아간다. 진정으로 꽃같이 아름다운 사람이다.

꽃보다 향기로운 날들

02
반려식물
입양하세요

　반려식물이란 식물을 단순히 키우는 것에 그치지 않고 정서적 안정감을 느끼며 함께하는 것이다. 관상용이나 식용으로 키웠던 식물에 '반려'라는 말이 붙었다. 반려동물은 많이 들어보았어도 반려식물은 낯설게 느껴진다. 사람들은 어느새 식물을 반려의 존재로 생각하기 시작했다.

　나의 돌봄을 통해 하나의 생명이 자라고 변화되는 것을 보며 그로 인해 뿌듯함이나 안정감 같은 감정적인 교감을 느끼게 된다. 동물을 키우기엔 여러 가지로 부담이 되지만, 식물은 손쉽게 마음을 두며 매일을 함께하는 존재로 집 안에 조용히 자리잡게 되었다. 생활 속 동반자가 되었다.

식물은 키우기에 부담되지 않고 쉽게 접할 수 있어서 반려로 접근이 쉽다. 반려식물을 키우는 사람들은 식물을 키우며 느끼는 장점이 많다고 말한다. 돌봄이 필요하기에 규칙적으로 생활하게 되고, 신선함을 느끼니 생기 있게 지내며, 스스로 일상에서 여유를 찾게 된다고 한다. 꽃을 돌보면서 자신도 돌보게 되는 것이다. 나의 수고로 식물이 하루하루 자라나는 모습을 보는 것은 정서적으로 행복감을 느끼게 한다. 관심과 애정으로 달라지는 변화가 뿌듯한 성취감을 불러일으킨다.

식물을 키우는 것은 우울감을 없애주고 심리적으로 안정을 준다. 반려식물을 키우는 사람들이 공통적으로 하는 말은 식물 덕에 집안 분위기가 밝아지고 일상에서 소소한 기쁨이 된다고 한다. 관상용으로만 키우는 것이 아니라 '반려'적인 존재로 키우면서 교감 대상으로 보게 된다. 빠르게 변하는 세상 속에서 사람들은 어딘가에서 정서적인 행복감을 느끼고 싶어 한다. 이런 면에서 식물은 인간을 치유하는 일상 속 힐링이 되었다.

식물과 사람의 공통점 중 가장 큰 것은 바로 호흡으로 살아간다는 것이다. 사람은 호흡을 통해 신선한 산소를 들이마시고 호흡을 통해 온몸을 돌아 나온 이산화탄소를 배출한다. 식물은 우리와 반대로 이산화탄소를 이용해서 양분을 만들고 스스로 생존하면서 사람이 살아가는 데 꼭 필요한, 무엇보다도 산소를 배출해준다. 우리가 자연 속에서 함께 살아가야 하는 가장 근본적인 이유이기도 하다.

힐링 수업으로 반려식물 가꾸기를 하면 참가자들이 식물을 만지는 것만으로도 정서적 안정감을 느낀다고 한다. 전 연령층이 각자 다양한 이유로 식물로부터 위안을 받는다. 연구에 의하면 안정된 상태에서 뇌 알파파가 상승한다고 한다.

그런데 '반려식물에 한번 도전해볼까?' 하고 나서보지만, 막상 물 주는 것을 잊을까, 너무 많이 주어서 습하면 어쩌나, 여간 신경 쓰이는 게 아니다. 이런 초보자라면 쉽게 접근할 수 있는 수경식물로 반려식물에 도전해보는 것도 좋다. 대부분의 식물은 수경재배가 가능하다.

"식물을 잘 키우려면 어떻게 해야 할까요?" 많은 분들이 물어보신다. 그러면 나는 "식물의 특성을 알면 키우기 쉬워요"라고 말한다. 그리고 식물에게 꼭 필요한 것들 다섯 가지를 간단히 설명해준다. 식물이 물을 좋아하는지, 햇빛은 좋아하는지 등 기본적인 것을 알고 접근하면 실수를 줄일 수 있다.

식물은 태양으로부터 오는 빛과 뿌리로부터 흡수하는 물, 그리고 공기 중의 이산화탄소와 적당한 온도만 있으면 광합성을 통해 자신을 생장하고 발육시킨다.

식물에게 꼭 필요한 첫 번째는 기반이 되는 땅, 즉 흙이 필요하다. 식물의 토양은 식물 생육에 영향을 준다. 식물은 산성 토양을 좋아한다. 우리가 흔히 키우는 식물의 토양은 PH6.5 정도의 약산성을 유지하는 것이 좋다. PH가 중성에서 알카리성이 되면 철분이 부족하게 되어 광합성에 영향을 주게 된다. 이러한 토양의 성질은 토양의 구성성분을 통해 만들어지는데, 모질 흙과 부식토와 점토광물 함양에 따라 산도가 달라진다.

식물에게 꼭 필요한 두 번째는 빛이다. 식물은 빛을 이용해 광합성을 해서 스스로 양분을 만들어낸다. 식물은 필요한 빛은 흡수하고, 필요하지 않은 빛은 반사하기에 녹색 영역은 반사하고, 청색과 적색 영역을 흡수함으로써 식물이 녹색으로 보이는 것이다. 식물의 색을 보면 광합성을 위해 필요로 하는 빛의 파장 영역을 알게 된다. 수경재배 시 전등을 선택할 때 백색광이 아니라 청색이나 적색광을 사용하는 것은 이 때문이다.

식물에게 꼭 필요한 세 번째는 바람이다. 식물에게 바람이 필

요한 것은 통기를 위해서다. 공기가 멈춰 있으면 병충해가 생긴다. 가지가 흔들리고 잎이 흔들리면서 식물이 흔들리고 바람이 분다. 전체적으로 통기가 되며 곰팡이나 응애와 같은 병충해가 예방된다. 바람이 불면 빛이 고르게 분산되고 적당히 식혀준다. 바람은 번식의 역할도 한다. 씨앗을 날리는 데 바람은 꼭 필요하다.

식물에게 꼭 필요한 네 번째는 물이다. 물은 아침에 주는 것이 좋다. 수경재배는 뿌리가 호흡할 수 있는 공간을 남겨두고 물을 채워준다.

식물에게 꼭 필요한 다섯 번째는 마음이다. 식물에도 마음이 있다. 우리의 일방적인 돌봄만 있다면 '반려'라는 표현을 쓰지 못했을 것이다. 내가 주는 마음을 읽고 미세하게 반응하는 식물의 마음을 읽게 된다면, 식물이 주는 많은 것들에 감사가 더해진다. 식물이나 사람이나 내가 좋아하는 것을 주는 것이 아니라 상대가 원하는 것에 더 시선을 두는 것이 좋은 관계의 열쇠가 된다.

반려식물로 손쉽게 키울 수 있는 공기정화 식물로는 몬스테라, 테이블야자, 여인초, 안스리움 등 계절마다 다양하고 특색 있는 식물들이 많다.

오늘은 꽃집에 들러서 마음을 나눌 반려식물을 하나 입양하자. 행복도 함께 손잡고 들어올 것이다.

꽃보다 향기로운 날들

03
손글씨는
감동이지

우리 동네에서 10여 년 이상 한결같이 아이들을 잘 가르치기로 소문이 난 곳이 있다. 이 학원의 원장이 처음 꽃집에 왔을 때가 생각난다. 단아한 개량 한복차림이었다. 의상이 너무 예쁘다고 하니 학원 선생님들의 단체복이라 했다. 밝은 이미지에 분위기가 남달랐다. 목소리부터 상대를 배려하는 에너지가 느껴진다. 아름답다는 표현이 딱 맞는 분이다.

직원으로 일하시는 선생님의 생일이나 기념일에 매번 꽃을 주문하면서 직원에게 칭찬과 격려, 그리고 감사의 메시지를 쓴다.

직원에 대한 칭찬과 격려는 오랜 시간 한결같이 사업체 운영을 잘하는 비결이 아닐까 생각된다. 직원을 대하는 태도가 남다르다. 평소 긍정의 에너지를 보여주며 직원 한 분, 한 분 귀하게 생각하고 자긍심을 높여준다. 원장의 이러한 표현들은 선생님을 통해 가르치는 아이들에게도 전달될 것이다. 이렇게 행복 에너지가 선순환된다고 생각된다. 그러니 운영하시는 학원이 잘될 수밖에 없다.

또 비슷하게 분위기가 남다른 어린이집이 있다. 이 어린이집 원장도 직원 생일마다 꽃과 함께 감동의 글을 써서 축하해주는데, 이번에는 본인의 아이에게 줄 축하 꽃에 쓸 메시지를 보내왔다.

나태주 시인의 '꽃을 보듯 너를 본다'라는 시를 이용한 메시지다. 내가 캘리그라피로 써서 이 문구를 나뭇가지 사이에 붙여놓았더니 우리 가게 꽃 선물 메시지에서 가장 많이 쓰는 글귀가 되었다.

무언가를 잘해서, 칭찬받을 일을 해서 예쁜 것이 아니라 꽃이 그렇듯이 있는 그대로를 사랑한다는 이 표현은 최상의 마음표현이라 생각한다.

꽃보다 향기로운 날들

"○○야,

너는 웃어도 예쁘고 웃지 않아도 예쁘다.

눈을 떠도 예쁘고 눈을 감아도 예쁘다.

오늘은 네가 꽃이다.

너는 귀하게 쓰일 그릇이다."

            – 교육 과정을 수료하는 아이에게 엄마가 쓴 메시지

    내 지갑에는 우리 아이들이 어릴 때 포스트잇으로 나에게 짧게 써준 글들이 있다. 서랍 속에는 예쁜 카드에 담긴 쪽지도 많다. 아이들이 훌쩍 커서 이제는 손글씨가 아니라 카카오톡 메시지로 마음을 표현하지만, 어릴 적 나에게 써준 꼬깃꼬깃한 글들을 종종 읽어본다. 아이가 쓴 고사리 같은 글은 힘들고 어려운 시기들을 잘 버티게 해준 힘이 되었다. 수시로 꺼내서 읽으며 웃음 짓곤 했다. 내가 아이에게 받은 메시지를 수시로 꺼내 읽듯, 분명 이 메시지를 선물 받은 아이도 마음 가득 사랑을 채우고서 귀하게 쓰일 그릇으로 스스로 잘 성장해나갈 것이다.

    스마트폰에 사진 기능이 있어서 편리하기도 하지만, 사진을 현상해두지 않으면 핸드폰 안에서 나오는 것이 쉽지 않다. 카카오톡 메시지도 그렇다. 시간이 지나면 어느새 사라져버려서 아쉽기도 하다. 나는 우리 가게에서 꽃을 주문하면 예쁜 캘리

그라피 엽서에 짧게라도 마음을 담을 메시지를 적게 한다. 꽃은 시들고 사라져도 메시지 카드는 한동안 식탁이나 책장 사이에서 조금 더 머무르며 그날의 좋았던 순간을 떠올리게 할 것이다.

꽃가게 옆길을 따라 걸어가다 보면 근처 큰 비닐하우스에서 농사를 짓는 노부부가 있다. 열심히 일하는 모습만 멀리서 바라보곤 했는데, 어느 날 남편분이 가게 문을 열고 들어오셨다.

오늘이 결혼 50주년 기념일이라고 하셨다. 자녀들이 손자·손녀들과 함께하는 축하 파티를 하러 온다는데, 어떻게 해야 할지 고민이 되어 꽃가게에 들렀다고 하신다. 50년 결혼생활을 하면서 그동안 아내에게 꽃을 한 번도 사준 적이 없다고 하셨다. 그런데 손자·손녀 자녀들이 함께하는 자리이다 보니 할아버지가 본을 보여야겠다는 생각에 음식 준비로 한창인 아내 몰래 꽃집에 들른 것이다.

꽃을 처음 사는 거라고 말하며 부끄러운 표정을 짓는 것이 마치 소년 같았다. 처음으로 아내에게 꽃을 주려고 생각하니 기분이 너무 좋아졌다고 한다. 이제라도 아내에게 꽃을 자주 사줘야겠다고 하신다.

꽃보다 향기로운 날들

"결혼 50주년 축하해요.

앞으로 더 잘할게요.

사랑하는 남편이."

꽃바구니를 들고 가는 뒷모습에 아이들과 축하 파티를 하는 행복한 그림도 그려진다.

꽃이나 꽃다발에 쓰이는 글들을 정리해보았다. 우리 가게는 꽃 상품뿐만 아니라 개업, 승진 등 축하 화분들도 많이 나간다. 많은 분들이 축하의 마음은 충만한데 어떻게 메시지를 써서 전해야 할지 고민한다. 이런 분들을 위해 많이 사용하는 문구들을 준비해놓고 선택하게 하기도 한다. 센스 있는 축하 문구도 좋지만 평범해도 받는 사람에게 내 마음이 잘 표현되면, 그것이 최고의 문구인 것 같다.

개업 축하 문구

- 축 발전

- 무궁한 발전을 기원합니다.

- 사업 번창과 건승을 기원합니다.

- 돈 쓸어 담으세요.

- 돈 세다 힘들면 불러요.

- 대표님 될 줄 알았으면 친하게 지낼걸.

- 세금으로 10억 원만 내자.

- 이 건물 사세요.

- 어디서 소리가 들리지 않나요? 돈 버는 소리.

- 곧 건물주가 되시겠군요.

- 돈길만 걸으시길 기원하겠습니다.

- 발전과 행운이 이곳에!

- 승승장구 대박기원.

환갑 축하 문구

- 존경하는 부모님, 세 번째 스무 살 생신을 축하드립니다.
  언제나 든든한 버팀목이 되어주셔서 감사합니다.

- 나이가 뭣이 중요. 환갑? 인생은 60부터. 제2의 인생을 응
  원합니다. 꽃 청춘의 시작, 꽃길만 걷기를 응원합니다.

승진 진급 축하 문구

- 명예로운 진급을 축하합니다.

- 성실함으로 얻어낸 승진, 진심으로 축하합니다.

- 진급 축하드립니다. 저도 그 모습을 배우겠습니다.

- 적게 일하고 많이 버는 사람 되세요.

- 너무 잘나가는 거 아냐? 승진 축하해.

꽃보다 향기로운 날들

- 다음에는 이사 자리 노려라.

- 승진했으니 한우 먹으러 갑시다.

- 레벨업 축하해 이제 만렙 찍자.

- 워메~ 우리 성님. 승진, 허벌나게 축하혀요. 고향에서 동상
  들이 보내요잉~

04
세상에 단 하나밖에 없는 것 –
나는 어떻게 행복해지는가

세상 모든 사람이 행복하다면 얼마나 좋을까. 하지만 행복은 자신이 느끼는 것이기에, 행복을 양으로 표현한다면 저마다 크기가 다를 수밖에 없을 것이다. 누구에게나 크고 작은 삶의 짐이 있다. 시선이 내 안으로만 향하면, 세상에서 내가 가장 힘든 사람이 된다.

같은 상황에서도 누군가는 행복하다고 여기고, 또 누군가는 그렇지 않다고 생각한다. 나는 주어진 삶에 감사하고 행복해하는 삶을 살고 싶다. 감사하는 마음은 개인의 성향이고 삶을 대하는 태도다. 밝은 마음을 가지고 긍정적으로 살아가면, 밝은 기운이 몰려와서 우리 삶을 밝게 비춘다.

꽃보다 향기로운 날들

행복은 내 안에 있다. 날마다 나에게 주어지는 환경을 어떻게 바라볼 것인가. 바라보는 생각의 습관을 바꾸고 행복해지려할 때, 그것은 선물처럼 나에게 주어진다. 습관을 바꾸고 태도를 바꾸려는 부단한 노력이 필요하다.

행복의 길로 들어가는 나만의 행복지도를 한번 만들어보는 것은 어떨까. 습관을 만들어보자.

먼저 평소보다 조금 일찍 일어나서 편안한 복장으로 집 주변을 걷는다. 아침 산책으로 행복지도를 그려본다. 발끝으로 전해지는 신경은 뇌를 자극해서 잠들어 있던 뇌를 깨운다. 시원한 아침 공기와 바람은 폐를 통해 우리 몸 곳곳에 신선한 산소를 공급해준다. 자연 친구들과도 반갑게 눈인사를 한다. 눈으로 느낀 감성은 손끝을 시작으로 온몸의 감각을 깨울 것이다.

깊은 호흡과 함께 하늘을 한번 바라보자. 나는 차를 타고 가거나 여행 중 멋진 풍경을 볼 때 저 멀리 작게 보이는 건물이나 집 속에 살고 있을 나와 같이 평범한 일상을 사는 사람을 떠올린다. 여행자 시선으로 내 삶을 먼 곳에서 바라볼 수 있는 시간이다. 자연스럽게 살아가는 삶, 자연을 거스르지 않는 삶, 언제나 답은 자연 속에 있다. 매일 눈앞에 놓인 일들로 발을 동동 구르며 살고 있지만 고요한 아침, 먼 하늘을 바라보며 시선을 멀리 두고 크게 생각하는 연습을 한다.

이제 긴 호흡으로 온몸에 아침 인사를 한다.
"참 좋은 아침이야. 건강하게 하루를 시작함에 감사해."
"내 안의 모든 세포들아, 새 아침이 되었으니 새로운 세포로 무장해서 좋은 하루를 시작해보자."

산책을 하며 길가의 나무와 풀들, 꽃들에 예쁘다고 말해준다. 사랑스럽다고 말해준다. 말없이 보이지 않는 곳에서 자기 일을 잘하고 있다고 속삭여준다. 돌 틈 사이 숨어 있는 들풀을 발견하면 대견하다고 칭찬해준다. 지금 있는 모습 그대로 충분히 아름답다고 말해준다. 자연은 어느새 나의 얼굴 가득 미소를 짓게 하고 평안함을 준다.
걸으며 눈으로 보고 말하면서 활짝 웃는 연습으로 하루를 시작하니 작은 일에도 감사하고 그저 행복하다. 나만의 행복지도를 매일 펼쳐보자. 연습과 반복으로 밝고 긍정적으로 생각하는 습관을 들이고 나의 세계를 온전하게 그려본다.

해가 뜨면서 분주한 아침 일상이 시작된다. 꽃집의 아침이 시작되면 주변 산책로에는 애완견과 함께 걷는 사람들이 하나둘 나오기 시작한다. 이어폰을 끼고 음악을 들으며 걷기도 한다.

꽃보다 향기로운 날들

일부러 찾아서 와야 하는 숨어 있는 뒷길에 있는 이곳이 과연 꽃집이 맞나 의아해하며 산책 중에 살짝 들여다보는 분들도 있다. 이렇게 인연이 되어 우리 꽃집의 단골손님이 되기도 한다. 꽃을 좋아하니 들여다보게 되는 것 같다.

애완견 중에는 우리 집에 들러 물을 마시고 가는 아이가 있고, 특별히 준비한 간식을 맛본 녀석은 꽃집 앞을 그냥 지나칠 수가 없다. 텔레비전에 나오는 유명한 대형견을 만났을 때는 그 친구를 위해 간식을 준비했다. 그러니 산책길은 간식 먹는 시간이기도 했다. 대형견의 주인은 몸집이 큰 만큼 많이 먹는다고 먹는 양이 감당 안 된다며 웃음 지으며 고마워했다.

누군가의 일상 속에 나는 또 그들이 지나는 산책길이 되기도 한다. 나는 산책길에 만나는 자연의 일부처럼 살아가고 싶다. 지나가는 배경이어도 좋고, 시선이 머무는 곳이어도 좋다. 누군가 지나는 길에 꽃집의 문을 열게 되면 언제 보아도 자연 속 같은 싱그러움으로 평온해졌으면 좋겠다.

류시화 시인은《지구별 여행자》에서 "신이 준 성스러운 아침을 불평으로 시작하지 마시오. 그 대신 기도와 명상으로 하루를 시작하시오. 이미 일어난 일에 대해 불평을 한다고 해서 무엇을 얻을 수 있겠소? 당신이 할 일은 그것으로부터 뭔가를 배우는 일이오"라고 전한다.

류시화 시인은 인도를 여행하며 그곳의 사막과 바람이 들려주는 말에 귀를 기울였다고 한다. 자연이 그렇듯 우리는 흙으로 왔다가 흙으로 돌아간다. 무언가를 잃었다면 살면서 받은 선물이 사라진 것이다. 잃은 것은 없다. 어떻게 바라보고 생각하느냐에 따라 삶은 달라진다.

나의 행복하고 평온한 마음이 어디에서 오는가. 내가 지금 하는 이 일이 나에게 행복함을 주고 가치 있는 일인가. 나의 일이 누군가에게 선하고 좋은 영향을 주는가. 나는 오늘 하루를 어떻게 그릴 것인가.

꽃 배달 주문이 계속 이어지고 정신없이 바빠져 초심을 잃어버릴 때가 있다. 작은 주문이라도 감사하고 소중히 대하는 태도를 갖기 위해서는 매일 아침 마음 상태를 점검해야 한다. 나만의 행복에 이르는 길인 행복지도를 펼쳐야 한다. 내 마음을 온전히 평온하고 행복으로 가득 채워야 한다. 풍요로워서가 아니라 어려움 속에서도 감사를 선택하고 행복을 연습한다.

"환경이 답답하고 감사가 나오지 않고 원망과 불평이 나올 때 당겨서 감사해보라. 오늘 드린 감사가 내일의 삶에 능력이 될 것이다."

– 이찬수 목사의 《감사노트》 중에서

05
주인공을 빛나게 하는
꽃의 마법 같은 매력

꽃집을 하면서 많은 모임을 하게 되었다. 나의 개인적인 성장을 위한 교육 모임도 있고, 고향 사람들의 정서를 느낄 수 있는 향우회도 있다. 그리고 지역 봉사 활동을 하는 봉사 모임도 있다. 그중 애정이 가는 모임이 있는데, 바로 인문학 공부 모임이다. 이 모임에서는 회원들이 순번을 정해서 '나의 살아온 인생 이야기'를 한다. 한 사람의 삶을 돌아보면 누구나 한 편의 드라마다. 힘들고 어려운 시간을 견디어내고 그 힘으로 다시 일어서는 주인공의 이야기를 들으면서 공감하고 내 삶도 돌아보게 된다.

오늘 주인공은 피플라이프 전무이사인 이병원 님의 인생 이야기다. 50년 이상 살아온 이야기를 짧은 시간에 다 담을 수 없

꽃보다 향기로운 날들

었지만, 다양한 이야기 속에 주인공만의 특별한 삶의 철학이 있었다. 그의 이야기를 소개해보고 싶다.

'나의 인생 이야기'라는 문구가 적힌 꽃바구니 옆에서 이병원 님의 이야기가 시작되었다. 그는 공부와는 담을 쌓았던 어린 시절을 보냈다고 한다. 재미있는 일이라고는 없었던 시절에 우연히 기타를 발견하고 기타를 치게 되면서 스스로 재능을 발견했다고 한다. 그때 처음 부른 팝송이 좋아서 영어 공부를 열심히 하게 되었고, 밤낮없이 기타를 치며 기타 공부를 해서 20대 초반부터 기타리스트, 작곡가의 길을 가게 된다.

고운 미성과 작곡 실력으로 많은 곡을 썼으며 방송 활동을 오래 했다. 1984년에 가수로 데뷔해 〈밤이 내린 설악〉을 발표했다. 작곡가, 포토그래퍼, 칼럼니스트 등 많은 수식어가 그의 치열하게 살아온 이력을 말해준다. 방송에서 양동이를 머리에 쓴 채 발성을 배우는 음치 클리닉은 웬만한 대중이 많이 알고 있을 만큼 독특한 스타일이었다. 그렇게 탄탄대로로 잘나가던 그는 영어 프렌차이즈 사업(잉글리쉬 무무)에 크게 성공했다. 그리고 그즈음 발간한 책이 베스트셀러가 되면서 음악의 길이 아닌 잡지사를 하게 되었다.

이 잡지사에는 그동안 쌓아온 모든 재산이 들어갔고 화려하게 시작했지만, 생각처럼 잘되지 않았다고 했다. 그렇게 들어간 모든 것이 다 소진되었을 때는 깊은 나락에 빠졌고, 그 속에서 자신까지도 버리려 했다고 했다. 살아오면서 가장 어려운 시기였다고 했다. 인생의 바닥에서 우연히 가족의 도움으로 다시 시작한 일이 현재 일하고 있는 '피플라이프'라는 기업의 자산 설계사다.

그는 모임에 활력을 주는 사람이었다. 기타를 치며 노래를 불러주기도 하고, 사진 작가가 되어 각 회원의 프로필 사진을 찍어주기도 했다. 그러나 2년이 넘는 우리의 모임 속에서 이분은 한 번도 자신의 직업에 관해 이야기를 하지 않았다. 재능이 많고 하는 일이 많아서 주된 직업이 무엇인지 궁금했었다.

이병원 님은 피플라이프라는 직업으로 10여 년 만에 회사대표 다음으로 높은 직위에 올랐다고 했다. 자신만의 영업 방식으로 자신의 분야에서 최고를 달성한 이분의 영업 비결은 바로 개인의 성공을 돕고 기업의 성공을 도와 '고객과 함께 성장하는 것'이었다. 기업을 돕기 위해 자신이 쌓은 재능으로 방송이나 신문, 잡지사에 기업을 홍보하도록 돕고, 책을 써서 회사를 브랜딩하고 성장하도록 했다. 실제로 그동안 담당했던 고객

꽃보다 향기로운 날들

회사들의 매출이 늘어나 이 자리에까지 오게 되었다고 한다.

 '다른 사람의 성장을 도와서 내가 성장한다'는 멋진 삶에 박
수를 보낸다. 아마 이분은 어떤 직업을 다시 시작했어도 반드
시 최고의 자리에 서 있었을 것이다. 아픔을 견딘 삶을 통한 깨
달음으로 다른 사람에게 도움을 주는 삶을 살고 있다. 열 마디
말보다 삶으로 보여주니 더욱 감동을 받았고 교훈을 얻을 수
있었다.

 이러한 좋은 자리에
빠질 수 없는 것이 바
로 꽃이다. 꽃은 무대
의 배경처럼, 잔잔히
흘러나오는 음악처럼,
주인공을 더욱 빛나게
하는 마법 같은 매력
을 갖는다.

06
오늘도 행복에
진심입니다

"자고 일어나니 거둔 성공을 이루는 데는 20년의 시간이
걸리는 법이다."

– 에디 캔터(Eddie Cantor)

날씨가 차가워지고 눈이나 비가 오는 날엔 처음 꽃집을 열었
을 때가 생각난다. 꽃집을 열고 멋진 인테리어 화분과 고가의
꽃들을 꾸며놓고 손님을 기다렸다. 그러나 동네 상권으로 볼
때 꽃집 주변은 꽃을 많이 소비하는 곳이 아니었다. 그렇게 시
간이 지나면 가치가 떨어지는 상품을 나 혼자 감상하고 있어야
했다. 자리를 잡지 못한 꽃집을 어떻게 유지할 것인가를 고민
하며 여러 가지 시행착오를 겪던 시간이었다.

꽃보다 향기로운 날들

그즈음 신규 아파트에는 알뜰장이 정기적으로 열렸다. 알뜰장은 식품, 이불, 액세서리, 꽃 등이 한 팀이 되어 도심 속의 장날 분위기를 만들었다. 꽃집의 물건을 순환시키기 위해 우리도 알뜰장에 뛰어들게 되었다.

알뜰장의 꽃집은 대부분 나이 드신 분들이 소박하게 판매한다. 그런데 우리 부부가 알뜰장 분위기를 바꾸어놓았다. 대형 꽃집을 옮겨놓은 것처럼 다양하고 많은 물건으로 장에 활기를 불어넣었다.

30대 중반의 우리는 가진 게 체력이 전부였으니 그 많은 물건을 싣고 내리는 것만으로도 근육이 생길 정도였다. 꽃집에서는 손님 만나는 게 어색할 정도로 한가했다면, 알뜰장에서는 판매를 위해 식물의 이름과 특성을 공부하기에 바빴다.

처음 모든 일이 몸에 배지 않아 서툴렀던 시절, 알뜰장에서 분갈이를 할 때였다. 화분 흙 속에서 굵은 지렁이가 나왔다. 나도 모르게 소스라치게 놀라며 소리를 질렀다. 오래 화분을 키우신 어머님은 내가 초보자인 것을 알아차리고 혀를 찼다. 멀쩡하게 생긴 젊은 사람이 어찌 이런 일을 하는지 희한하다는 듯이 고개를 저었다.

아파트 알뜰장은 주로 팀별로 1년간 계약을 한다. 우리가 속한 장은 큰 장들이어서 몇 개만 계약해도 선금으로 큰돈이 들어갔다. 세상 물정 몰랐던 우리 부부는 눈앞에 보이는 것들만 보고 장에 뛰어들었다. 알고 보니 알뜰장을 꾸리고 장을 만드는 사람들만 돈을 벌게 되는 이상한 구조였다. 장을 만드는 사람들은 장사가 안되는 장도 잘된다며 속여서 비싼 값에 계약하게 했다. 선계약을 했으니 눈이 오나 비가 오나 장을 펴고 장사를 해야 했다. 겨울이 오는 길목에서 추위에 떨고 있던 모습이 생각난다. 그날은 바람도 몹시 불었다.

하지만 그럼에도 알뜰장은 가게의 물건이 순환되고 현금을 만질 수도 있었기에 꽃집이 자리를 잡을 때까지 버틸 힘이 되었다.
우리는 어떻게든 가게 매출을 늘려서 장에 나가지 않아도 될 만큼 가게를 키워야겠다고 다짐했다. 알뜰장의 경험은 기본을 다져가며 꽃집이 나아갈 방향을 생각하게 하는 자양분이 되었다.

"행복에 이르는 길은 재능이 아니라 역경 속에서도 꿈을 잃지 않을 때 열린다."

– 양팔이 없는 호른 연주자, 펠릭스 클리저(Felix Klieser)

꽃보다 향기로운 날들

펠릭스 클리저의 호른 연주를 보게 되었다. 양팔이 없는 그가 발가락을 손가락 쓰듯 편안하게 연주하고 있었다. 음악으로 행복을 전하는 그는 장애는 한계가 아니라고 한다. 단지 인간이 가진 강점과 약점 중에 약점이라고 했다. 약점은 강점이 될 수 있으므로 이 사실을 안다면 한계란 없다는 것이다.

펠릭스 클리저가 다섯 살 때부터 오랜 시간 호른을 연주하면서 꿈꾸는 삶은 음악으로 행복을 전하는 것이다. "음악을 연주하는 이유는 연주자 자신이 행복하고 듣는 사람들을 행복하게 하기 위해서"라고 한다. "얼마나 연주를 잘하는가를 증명하는 것이 아니라 사람들의 삶에 기쁨과 용기를 주기 위해 연주하는 것이 가장 중요하다"라고 했다.

펠릭스 클리저가 음악으로 행복을 말한다면, 나는 내가 하는 일, 내 삶의 도구인 꽃을 통해서 그와 같은 삶을 살고 싶다. 꽃이 훌륭한 도구가 되어 진심으로 내가 행복하고 그것을 전하고 받는 사람들이 행복하기를 바란다.

꽃집을 한 지 20년이 되어가고 있다. 우리 꽃집은 기업이 주 고객이지만, 1년에 한두 번 기념일에 들르는 고객들이 어김없이 그해에도 찾아올 때면, 오랜 지인을 만나는 것처럼 반갑다.

나의 상품을 좋아하고 한결같이 찾아주시는 고객에게 감사의
마음을 전하려면 진심을 다할 수밖에 없다.

무슨 일이든 오래 하려면 진심이어야 한다. 좋아하기에 꾸준
함을 유지할 수 있고, 꾸준히 하다 보니 깊이도 알게 되었다.
그리고 한발 물러서 고객의 입장도 되어본다. 오늘이 오기까지
오래 걸렸지만, 알뜰장에서 온종일 길 장사하며 그려본 꽃집의
일상을 살고 있다. 마음의 피로가 쌓일 때면 나는 오래전 그날
의 첫 마음을 꺼내보곤 한다.

나는 우리 가게 주변의 몇몇 교회에 절기마다 성전 꽃꽂이를
하고 있다. 꽃집은 내가 먹고사는 삶의 기반이기에 내 재능의
십일조라 생각하며 봉사하고 있다. 나는 교회 성전 꽃꽂이할
때가 가장 행복하다. 시기적으로 항상 바쁜 때지만, 육체의 피
로를 잊게 하는 즐거움이 있다. 수년째 기도하는 마음으로 꽃
꽂이를 했는데 오래 하다 보니 작품 수가 쌓이고 있다. 얼마 전
인스타그램에서 성전 꽃꽂이를 검색하니 내 작품이 가장 먼저
나와서 깜짝 놀랐다.

행복한 사람들에게는 무언가 특별한 것이 있다고 한다. 그
첫 번째가 '목표가 있다'라는 것인데, 목표를 생각하고 이루려

는 과정에서 행복을 느끼는 것이다. 나도 나의 꿈을 향해 나가
는 과정에서 행복을 느끼고, 내가 만드는 꽃들로 그 행복감을
전하고 싶다.

나는 오늘도 행복에 진심이다.

4장

마음이
행복해지는 꽃집

01
행복의
비밀

인간은 사랑받음으로써가 아니라 사랑을 함으로써 다른 사람의 영혼에 가장 가까이 다가간다. 행복은 사랑을 통해서 나온다.

연말이 다가오는데 꽃집은 졸업식 준비로 바쁘다. 송년회와 음악회 등 한 해를 정리하느라 분주하다. 예전에는 2월 말 정도에 하던 졸업이 이제는 12월이나 1월 초에 집중되어 있다. 꽃이 사용되는 시기가 한 시기에 몰려 있고, 출하 양은 한정되어 있어서 꽃값이 연일 최고 값을 갱신한다. 몇 년 동안 코로나로 공식 행사가 없다가 하는 행사들이다 보니 잠잠했던 꽃집 분위기가 한층 고조되어 있다.

평소보다 많은 분이 꽃다발을 주문하고 꽃집을 찾아왔다. 무슨 일인가 싶어서 어떻게 오셨냐고 물으니 "여기 꽃 맛집이에요. 맘카페 보고 왔어요" 한다.

전날 아들 졸업식이라며 꽃다발을 사 갔던 어머니가 동네 맘카페에 올렸다고 한다. 들어가 보니 조회수와 댓글이 엄청나 깜짝 놀랐다. 요즘 젊은이들은 새로운 시대에 맞추어 홍보와 마케팅도 잘하던데, 그동안 몸으로만 열심히 살아온 우리 세대로서는 홍보와 마케팅이 많이 부족한 것이 사실이다. 이런 나를 대신해 고객이 직접 글을 올려 홍보해주니 너무나 감사했다. 그 많은 글에 일일이 답글 달아주느라 수고로웠을 텐데, 따뜻한 차라도 대접하고 싶다.

졸업식 꽃다발을 사러 오신 분들에게 나는 탁상용 달력을 선물로 준다. 우리 꽃집 달력은 매년 거울이 장착된 것으로 제작한다. 다양하게 쏟아지는 달력 선물들 속에서 버려지지 않고 살아남기를 바라는 마음으로 값이 조금 비싸도 꼭 거울이 있는 것을 준비하곤 한다.

그동안에는 예쁜 꽃 사진과 거울이 있음을 강조했는데 요즘 내가 꿈과 행복, 성공, 목표 같은 것에 관심을 갖다 보니 졸업하고 새로운 시즌에 돌입하는 학생들에게 메시지를 주고 싶어

꽃보다 향기로운 날들

졌다. 그래서 이번에는 꿈을 글로 써서 책상에 붙여놓는 용도로 우리 집 달력을 이용해보라고 했다. 자신이 이루고자 하는 꿈이나 목표를 달력 아래쪽에 붙여놓으라고 한다. 그럼 달력을 볼 때마다 나의 목표나 꿈이 자연스럽게 뇌에 입력되어 무의식을 작동하게 할 것이기 때문이다.

습관은 반복을 통해서 이루어진다. 인생은 읽는 대로 바뀐다고 책을 많이 읽으라고 하는데, 나는 인생은 쓰는 대로 바뀐다고 말하고 싶다. 보고 들은 것들은 많은 정보들 속에 흘러갈 수 있지만, 쓰기의 힘은 강력해서 글을 쓰면서 표현하는 것들은 오로지 나의 것이 된다. 졸업식 꽃다발을 만들며 꿈 쓰기를 이야기하니 어머니들의 눈빛이 반짝거린다. 자녀를 향한 부모의 마음은 한결같음을 알 수 있다.

분주한 하루를 보내며 꽃을 사러 오는 고객과의 눈빛 대화는 나를 행복하게 하고 일하는 즐거움을 준다. 나만의 행복은 어디서 올까. 동서고금을 막론하고 행복의 비밀은 '지금 여기에 집중하라'고 한다.

많은 사람에게 감동을 주었던 영화 〈어바웃타임〉은 시간여행이라는 장치를 통해 가족 간의 사랑과 행복, 선택들을 이야기한다. 이 영화에서 주인공 팀과 팀의 아빠는 시간여행이 가능해서 과거의 시간으로 돌아가 다시 살 수 있는 사람이다.

"아빠가 행복을 위한 공식을 말씀해주셨다. 두 가지 단계 중 첫 번째는 일단 평범한 삶을 사는 거다. 하루하루 다른 사람들과 마찬가지로 말이다. 그다음은 거의 똑같이 하루를 다시 살라고 말씀하셨다. 처음엔 긴장과 걱정 때문에 볼 수 없었던 세상의 아름다움을 두 번째 살면서 제대로 느끼면서 말이다. 난 이제 시간여행을 하지 않는다. 그저 내가 이날을 위해 시간여행을 한 것처럼 나의 특별하면서도 평범한 마지막 날이라고 생각하며 완전하고 즐겁게 매일 지내려고 노력할 뿐이다. 우린 우리 인생의 하루하루를 항상 함께 시간여행을 한다. 우리가 할 수 있는 최선은 이 멋진 여행을 즐기는 것뿐이다."

– 영화 〈어바웃타임〉에서 팀의 대사

영화의 이 마지막 대사는 행복한 삶을 위해 어떻게 살아야 하는가에 대해 우리에게 주는 메시지다. 이 순간이 지나가면 후회하지 않도록 세상의 아름다움을 제대로 느끼면서 살라고 한다.

나는 예전에는 "과거로 돌아간다면"이라는 질문에 "난 돌아가고 싶지 않아. 난 최선을 다해 살았거든" 이렇게 말하곤 했다. 지금 생각하면 너무 부끄럽다. 내가 아는 것이 전부인 양 어린아이처럼 살았음을 깨닫는다.

이제 나는 시간여행을 할 수만 있다면 지나간 삶으로 돌아가서 내가 놓친 따뜻한 사랑의 표현을 하고 싶다. 더 많이 사랑하고 고마움도 표현하며 살고 싶다.

매일을 사는 이 순간이 나의 특별하면서도 마지막 순간이라고 생각하면, 나는 오늘 하루를 어떻게 살아야 할까. 내 곁의 소중한 사람들에게 감사와 사랑을 표현하며 후회하지 않을 오늘을 살아야겠다.

〈꽃다발을 집에 가져왔을 때, 꽃을 오래 보는 방법〉

· 세제로 꽃병을 깨끗하게 세척하기

· 시원한 물로 매일 갈아주기

· 물을 갈아줄 때 줄기 끝을 사선으로 자르기

· 직사광선이 없는 서늘하고 온도가 낮은 곳에 두기

· 바람에 직접 쐬이지 않기

〈꽃바구니를 받았을 때 꽃을 싱싱하게 오래 보는 방법〉

· 바구니 안에 찬물을 매일 보충해주기

· 시든 꽃은 뽑아서 제거해주기

02
작은 일도
정성을 다한다

꽃집은 바쁜 시즌들이 있다. 보통 꽃집의 가장 바쁜 때를 생각하면 졸업식 꽃다발을 먼저 떠올린다고 한다. 그런데 시즌도 바쁘지만, 일반 시즌별로 있는 인사이동은 꽃집의 대목이기도 하다. 직장에서의 인사이동과 승진을 축하하며 보내는 꽃들이 꽃집 매출의 많은 부분을 차지한다. 우리나라 사람들은 새롭게 업무가 바뀌었을 때나 새로운 환경에 옮겨졌을 때, 꽃을 건네며 덕담으로 시작한다. 이때 꽃은 동양란 종류를 많이 선물한다.

"승진이나 영전 축하에 왜 매번 난을 보내나요?"

동양란은 예로부터 청렴, 결백의 의미가 있다. 이런 동양란의 유래와 의미를 생각하며 새로운 위치에서 난과 같이 청렴하고 지조 있기를 바라는 마음을 담아 보낸다.

충정과 기개, 고고함을 상징하는 동양란은 금의 기운을 지녔다고 한다. 사계절을 보내도 잎의 녹색 빛깔이 크게 변화하지 않는다. 이런 변하지 않는 푸르름은 충절을 의미하고, 친구 간에는 변하지 않은 우정을 상징하기도 한다. 길게 뻗은 잎은 젊은 기개를 느끼게 해주며, 모진 추위를 견디고 이른 봄에 피어나는 꽃은 은은한 향기로 선비 같은 자태를 함께 뽐내기도 한다. 그래서 군자의 상징으로도 통한다는 동양란은 취업이나 취임, 승진 등을 축하하는 의미로 많은 사람이 선물한다.

오늘 처음 거래하는 어느 기업에서 사내 직원들에 발송할 승진 축하 난을 주문했다. 가장 좋은 난으로 모든 승진 직급에게 전달하는 것이었다. 나는 대량 주문에 놀랐고, 회사에서 각 직원에게 축하 난을 보내는 것이 이례적이었기에 또 놀랐다. 받은 분들도 누가 축하 난을 보내왔을까 궁금해하다가 회사가 보낸 것을 보고 놀라는 분위기였다고 했다.

모든 축하는 타이밍이 중요하다. 발표가 난 직후의 빠른 배송이 중요하다. 우리 꽃집은 갑작스러운 많은 주문에도 바로 처리할 수 있도록 다량의 물건들이 항상 구비되어 있다.

많은 양의 꽃 배달을 서둘러 마치고 주문한 담당자에게 전화를 걸어 처음 거래하는 회사인데, 어떻게 우리 꽃집에 주문하게 되었냐고 물어보았다.

"몇 달 전 회사에 배달되어 온 꽃바구니가 너무 예뻐서 명함을 받아놓았어요"라고 하신다. 그러면서 앞으로 기업 꽃거래를 우리 화원으로 하겠다고 한다. 감사의 대화는 마음이 전해져서 서로를 기분 좋게 한다.

우리 집은 꽃바구니 배달이 많다. 공대생인 큰아들이 틈틈이 배달 일을 돕는데, 아빠가 하던 대로 배달할 때 달력이나 명함 등 꽃가게의 홍보물들을 잘 챙긴다. 아들이 꽃바구니를 배달하며 드린 명함으로 시작된 거래였다. 생각해보니 그리 크지 않은 보통의 작은 바구니였다. 지나간 작은 상품이 오늘의 큰 거래로 이어지니 항상 작은 것부터 충실히 해야겠다는 큰 교훈을 얻게 되었다.

취임, 승진, 축하 선물뿐만 아니라 개업 선물로도 많이 선물하는 난은 관리가 어렵다고 생각하기 쉽다. 그러나 난의 기본 습성만 알면, 난은 일반 식물보다도 키우기가 쉽고 또 매력이 있다.

동양란의 종류는 매우 다양하다. 한순간에 사로잡는 강렬함을 가진 서양란에 비해 동양란은 은근하고 단아한 매력이 있다. 동양란은 잎이 좁으면서 길고, 은은한 향이 있다. 동양란의 향기는 정신을 맑게 해주고, 꽃과 잎의 조화는 아름다운 그림을 완성시킨다.

꽃말은 '청초한 아름다움'이라고 한다. 동양란을 키우기는 쉽다면 쉽고, 어렵다면 어려울 수 있다. 키우는 것이 처음인 사람은 그 무엇이든 익숙하지 않아서 열심히 공부하며 했다고 해도 어렵다고 느낄 수 있다. 그럼 어떻게 건강하게 오래오래 잘 키울 수 있을까.

집 안에서 키우려면 햇볕이 잘 드는 창가나 베란다가 좋은데, 직사광선은 피해주고 환기가 잘되는 곳에 두는 것이 좋다. 자연 속에서 난이 있었던 환경을 생각해보면 집 안에서 키울 때 어떤 환경을 유지해주어야 하는지를 알 수 있다. 자연 상태에서는 뿌리가 습해 있어도 바람이 불어 습기를 날려주었을 것이다. 나무 사이로 들어오는 1~2시간의 빛을 보며 자라는 환경이었을 것이니 직사광선보다는 반 차광으로 환기가 잘되는 구조면 좋겠다.

  꽃보다 향기로운 날들

동양란을 잘 키우려면 물 주기가 중요하다. 며칠에 한 번씩 주는 것보다 상태를 봐가면서 주어야 하는데, 습하지 않게 하고 말랐을 때 주는 것이 좋다. 말랐을 때 흠뻑 아래로 흘러내리도록 준다.

동양란의 뿌리는 물이 완전히 메말랐을 때는 실처럼 가는데, 물이 충분할 때는 뿌리가 손가락만큼 통통해진다. 일주일에 한 번씩 샤워해주어 잎의 먼지도 떨어주고 10일에 한 번 정도는 큰 통에 물을 채워놓고 2~3시간 충분히 담그는 저면관수를 해주면, 뿌리가 물을 흡수해서 통통해진다. 이렇게 관리하면 잠시

물 주기를 놓쳤어도 저면관수를 통해 빠르게 회복시킬 수 있다.

동양란은 추위에 강한 편이지만, 겨울철에는 5도 이상으로 유지해주고, 여름철에도 30도가 넘어가지 않게 해주는 것이 좋다. 꽃을 피우기 위해서는 햇빛과 통풍이 가장 중요하다. 통풍이 잘되어야 습도 관리도 되고, 병충해를 예방해 오래 건강하게 키울 수 있다. 식물은 물과 빛이 있으면 영양소를 만들어 스스로 살아간다. 실내에서 키우면서 부족한 영양은 3개월에 한 번 정도 영양제를 주어 건강하게 자라도록 도와준다.

난의 분갈이는 언제 하는 것이 좋을까. 난 분에 비해 양이 많아졌을 때 분갈이를 해주면 된다. 난의 뿌리가 밖으로 나오면 공간에 비해 양이 많아졌다는 신호다. 난 잎이 누렇게 변한다든지 잎에 반점이 생기거나 잎이 쭈글해지기도 한다. 화분은 제한된 공간이어서 통풍이나 환경이 좋지 않으면 난이 잘 자라지 못하기 때문이다.

분갈이는 2~3년에 한 번 정도 봄이나 가을에 하는 것이 좋다. 분갈이할 때 뿌리 상태를 보면 난이 건강한지 알 수 있다.

〈동양란을 선물로 받았을 때〉

　통풍이 잘되고 빛이 잘 드는 곳에 놓아두고 5~7일에 한 번씩 물을 충분히 준다. 직사광선은 피한다. 분무기로 잎에 스프레이를 해주고 꽃은 피해준다.

03
반드시 오고야 말 행복

사람들은 꽃을 좋아하고, 꽃을 좋아하는 사람이 선물하기도 좋아한다. 매장 한 켠에 꽃을 선물할 때 함께 이용할 수 있도록 꽃말을 써서 붙여놓았다. 꽃말은 이야기를 낳아 자기만의 스토리가 만들어진다.

꽃말을 생각하며 선물하는 꽃 중에 계절과 관계없이 꾸준히 찾는 것이 '파란 장미'다. 이 파란 장미의 꽃말은 '기적, 희망, 불가능한, 가질 수 없는, 포기하지 않는 사랑, 불가능의 극복'이다. 불가능한 것을 가능하게 한다는 의미의 기적을 말한다. 파란 장미는 원래 없는 색상의 꽃이다. 색을 입히거나 꽃의 물관을 통해 물들여서 만든다.

연구자들이 오랜 연구 끝에 청색 피튜니아 유전자와 팬지 유전자를 장미에 이식해 파란 장미를 만드는 데 성공했다(1990년). 그 후 파란 장미가 실제로 판매된 것은 10여 년 정도(2009년)밖에 되지 않았다. 연구자들이 포기하지 않는 노력으로 불가능을 가능하게 하고, 없는 것을 만들어냈다. 많은 이들이 절대 만들어낼 수 없다고 장담했던 색상이 진짜로 만들어졌기에 '기적', '불가능은 없다', '끝까지 포기하지 않는다'라는 꽃말을 낳았다.

"말도 안 돼, 있을 수 없는 일이야."
"당신을 만난 것은 나에게 기적이에요."
"아름다운 사랑이 이루어지는 기적."
"나에게 불가능은 없다."

특별한 날 어떤 꽃을 선택해야 할지 고민할 때 이런 이야기를 들려주면, 반짝이는 눈으로 파란 장미를 다시 바라본다.

100일 기념 꽃을 준비하러 온 고객이 지난번 파란 장미꽃을 사 갔을 때의 이야기를 들려주었다. 꽃말과 함께 이야기하며 건넸더니 여자친구가 굉장히 좋아했다고 한다. 이 이야기를 들으며 내가 더 기분이 좋아졌다.

파란 장미만큼 꽃말로 많이 찾는 꽃이 있다. 바로 '반드시 오고야 말 행복'이라는 꽃말의 마리골드다.

우리 꽃가게와 논길 사이에 꽃집보다 더 꽃집처럼 사시사철 꽃으로 가득한 집이 있다. 아침 산책길에 지나가면서 늘 시선을 두고 머물 수밖에 없다. 사시사철 이름도 알 수 없는 꽃들로 가득한 이곳에 초여름부터 서리가 내릴 때까지 볼 수 있는 노랑, 주황의 마리골드가 있다.

멕시코가 고향인 이 꽃은 아프리카를 지나서 유럽으로 퍼져 나갔다고 한다. 재배 환경에 따라 화형이 달라지는데, 마리골드는 화형이 큰 아프리카 천수국과 화형이 작은 프렌치 마리골드인 만수국 두 종류가 있다.

마리골드는 길을 걷다 보면 어디에서도 흔히 볼 수 있는 꽃이다. 나는 그동안 마리골드를 중심 꽃을 받쳐주는 용도로 꽃꽂이에 사용했다. 그런데 어느 날부터 마리골드를 찾는 주문이 늘고, 특별한 날 선물하는 중심 꽃이 되었다.

2018년에 방영되었던 드라마 〈뷰티인사이드〉에서 아빠가 딸에게 "마리골드는 어디에서든 잘 자란단다. 그저 햇빛 좋고 바람만 잘 불면 되지. 어디에서든 잘 자라는 마리골드를 보면 우리 딸이 생각난다. 잘 자라 주어서 고맙다. 마리골드의 꽃말

166

꽃보다 향기로운 날들

은 반드시 오고야 말 행복이란다. 반드시 네게 행복이 올 거야"라고 말하며 마리골드를 선물했다.

드라마 방영 이후 마리골드는 꽃말로 인해 특별한 꽃이 되었다. 마리골드는 천수국의 '이별의 슬픔'과 만수국의 '반드시 오고야 말 행복'이라는 상반된 꽃말을 가지고 있다. 꽃말로 인해서 마리골드가 나에게 더 특별하게 느껴진다. 나는 이 마리골드처럼 이별의 슬픔을 잘 견디고 이겨내서 반드시 행복한 삶을 살아가고 싶다.

마리골드는 초봄부터 여름 내내 간간이 꽃을 보이며 더디 자란다. 무성하게 피는 것을 기대하며 들여다보면 여전히 한두 개 꽃을 보여주며 인내심을 갖게 하기도 한다. 그렇게 긴 여름을 보내고 8월이 지나면 꽃들이 하나둘 풍성하게 피기 시작한다. 그리고 늦은 가을까지 푸르름이 가신 휑한 거리를 환하게 밝혀주며 활짝 피어난다.

조급해하지 않고 차분히 기다려주면 때가 되어 이렇게 혼자만의 강한 존재감을 드러낸다. 마리골드는 나에게 속삭인다. '늦은 가을 만개한 아름다움을 생각하며 더디기만 한 힘든 현실이지만, 차분히 잘 견뎌내라'고. 반드시 오고야 말 행복이 있음을 들려준다.

꽃말은 꽃의 특징에 따라 상징적인 의미를 부여한 것이다. 구전되는 이야기 속에는 꽃에 대한 전설이 숨겨져 있다. 꽃말을 알고 꽃을 보면, 한 편의 서사시를 보는 것처럼 상상력을 발휘하게 된다.

꽃에 관한 여러 전설과 각각의 꽃말을 지닌 꽃을 선물하면 그것이 편지가 되는 시대가 있었다. 17세기 유럽에서는 꽃에 하나님의 메시지가 담겨 있다 해서 각각의 꽃에 어울리는 꽃말이 주어졌다. 그래서 말이나 편지보다는 뜻이 있는 꽃을 보내는 것이 유행이었다. 나라마다 통용되는 꽃말이 전혀 다른 일도 있다. 꽃말의 의미에는 명확히 기준이 있는 것이 아니어서 일반적인 사회적 인식에 따르는 것이 좋다. 우리가 아는 꽃말들은 영국을 비롯해 유럽권에서 만들어진 것들이 대부분이다.

흔히 접하는 꽃들의 꽃말

· **개나리** : 나의 사랑은 당신보다 더 깊습니다.

· **과꽃(아스타)** : 파란 과꽃 – 신뢰, 하얀 과꽃 – 나를 믿어주세요, 복숭아색 과꽃 – 달콤한 꿈

· **국화** : 정말 좋은 친구

· **니겔라** : 꿈속의 사랑, 당혹, 미래, 은근한 기쁨

· **라눙쿨루스** : 매력, 매혹

· **리산셔스** : 변치 않는 사랑

· **루드베키아** : 영원한 행복

· **매쉬마리골드** : 반드시 오고야 말 행복

· **맨드라미** : 시들지 않는 사랑, 영생

· **미스티블루** : 청초한 사랑

· **백합** : 순결, 순수한 사랑, 당신과 함께 있으니 꿈만 같아요.

· **스톡크** : 믿어주세요.

· **안개꽃** : 맑은 마음, 사랑의 성공

· **붉은 장미** : 당신을 사랑합니다.

· **하얀 장미** : 다시 만날 수 있을까요?

· **분홍색 장미** : 당신은 묘한 매력을 지녔군요.

· **끝이 붉은 노란 장미** : 우정, 사랑에 빠지다.

· **라벤더색 장미** : 첫눈에 빠진 사랑

· **파란 장미** : 기적, 포기하지 않는 사랑

· **파란색 카네이션** : 행복

· **카라** : 천년의 사랑

· **망고튤립** : 수줍게 하는 사랑

개업, 이전하는 곳에 보내는 화분들에도 상징하는 꽃말이 있다.

· **관음죽** : 행운

· **남천** : 전화위복

· **드라세나 드라코** : 행복, 행운

· **떡갈나무** : 공명정대, 강건

 꽃보다 향기로운 날들

· **로즈마리** : 당신의 존재로 나를 소생시키다, 행복한 추억, 가
　정의 행복

· **산세베리아** : 관용, 약속을 실행하다.

· **금전수** : 번영, 금전, 부유

· **킹벤자민** : 번영, 번창

· **아레카야자** : 부활

· **뱅갈고무나무** : 영원한 행복, 장수와 풍요

· **녹보수** : 재물, 행운, 행복

04
자세히 보아야
예쁘다

꽃가게 내부를 정리하면서 비닐하우스 위의 천장을 지탱하는 기둥을 세워야 하는데, 큰 기둥이 출입문 정중앙에 세워져야 했다. 안전을 위해 세우는 기둥이 정중앙에 위치하는 거라 오히려 이동하다가 부딪칠 수 있어서 어떻게 해야 할까 고민스러웠다. 꽃집에 놀러 온 후배가 고민하는 나를 보더니 위를 일자로 고정하고 양옆으로 두 개의 기둥을 세우는 것이 어떠냐고 했다. '와우, 천재인데?' 그렇게 양옆에 두 개의 기둥이 세워졌다. 그랬더니 안정감도 있고 무엇보다 부딪칠 염려 없이 안전했다.

두 개의 큰 기둥을 화원의 이미지에 맞게 어떻게 꾸밀까 생각해보았다. 저 멀리 길가에 대추나무 고목을 베어놓은 것이

꽃보다 향기로운 날들

보였다. 가지치기하고 버려진 나무들이 높게 쌓여 있었다. 나는 차를 타고 가다가 가장 크고 두꺼운 나뭇가지 세 개를 골라서 가져왔다. 대추나무 고목은 천장을 아치 형태로 꾸미기에 적당했다.

굵은 가지를 천장 양옆으로 붙이고 푸른색 화초들을 올려 늘어지게 했다. 나뭇가지 사이사이에 계절감을 느낄 수 있는 화초나 소품들을 넣어주어 비밀의 화원으로 향하는 입구를 완성했다.

논길 한가운데에 비닐하우스로 지어진 허름해 보이는 꽃집이지만, 누군가 꽃집에 꽃을 사러 잠시 들렀을 때 생각지 않게 문득 기분이 좋아졌으면 했다. 기분 좋은 생각이 마음속에 오래 머무는 꽃집이길 바랐다. 나는 평소 좋아하는 글귀나 누군가에게 들려주고 싶은 책 속의 짧은 글들을 적어서 나뭇가지 사이에 걸어놓았다. 이렇게 적어놓은 글들은 꽃을 선물하면서 함께 쓰이는 메시지도 되고, 틈틈이 내가 일하다 지칠 때 나에게도 기운을 주고 생기를 불어넣어 주기도 한다.

가게 한 켠에는 수경식물 코너를 만들었다. 수경식물은 뿌리가 드러나게 해서 여름엔 시원함을 더해주고, 겨울엔 건조한 공간에 가습효과를 낼 수 있다. 수경식물의 진열대는 벽면 전체에 사과 상자를 이용해 디귿자 모양으로 쌓아올려서 만들었다. 단조로운 색상에 변화를 주기 위해 한 면에 한 개는 블랙으로 페인트칠을 했다.

이 디자인은 수경식물 메이크정글 대표가 직접 해주셨다. 한여름 무더운 날씨에 온종일 땀을 흘려가며 함께 작업했다. 사과 상자와 식물의 조합이 매력적인 현대적 공간이 되었다. 녹색의 싱그러움 속에서 잠시 쉼을 주는 편안한 휴식 공간이 되었다. 꽃구경하러 왔다가 카페 같은 이곳에서 사진을 남기기도 하고, 지인들과 편히 쉬었다가 가기도 한다.

한번 오면 단골이 되는 우리 꽃집의 비밀은 이런 반전의 매력이라 생각된다. 꽃 상품의 신선함이나 조화로움은 기본이고, 그에 더해 마음의 여백을 자극하길 기대한다. 꽃과 함께 오래 기억되는 장소면 좋겠다.

우리 사람꽃농원의 상징과도 같은 하트구조물은 전국을 누비는 포토존이다. 10여 년 전, 교회 행복 축제 포토존 장식을 시작으로 매년 횡성 한우 축제와 대전, 천안의 지역행사에 얼굴로 장식되곤 한다. 하트 틀에 예쁜 꽃으로 장식되는 포토존은 행사를 빛나게 해주고 참여한 사람들에게 잊지 못할 추억

을 남겨준다.

　올해는 붉은 하트 구조물에 화사한 왕벚꽃으로 꾸며놓아야
겠다. 들판에 꽃들이 피어나기 전에 눈으로 먼저 봄을 만나고
싶다.

05
봄의 꽃처럼
활짝 피어나라

"납골 묘지에 가져갈 꽃을 살 수 있을까요?"

명절 연휴 기간 조용히 혼자만의 시간을 가지고 싶었는데, 추모용 꽃을 주문하는 손님을 거절할 수 없어 하나둘 주문을 받다 보니 계획처럼 쉬는 연휴는 아니었다. 얼굴이 많이 상한 어머니와 자녀가 함께 와서 꽃을 사서 들고 가는데, 어머님 얼굴만 봐도 장례를 치른 지 얼마 안 되었구나 싶었다. 지난 내 모습을 보는 것 같았다. 애써 웃음 지어 보이지만, 내면의 아픔은 감출 수 없나 보다.

내 마음을 오래 붙든 손님은 홀로 방문한 젊은 엄마였다. 교통사고로 남편과 아이를 함께 하늘나라에 보냈다고 했다. 추모 꽃으로 작은 꽃다발 두 개를 사서 가지고 가는 뒷모습이 너무

쓸쓸해서 달려가서 안아주고 싶은 마음을 애써 눌러야 했다.

꽃을 사고 떠나보내는 의식을 행하는 모든 순간이 하나하나 쌓여 감당할 수 없을 것 같았던 슬픔의 무게도 차츰 줄어들게 될 것이다. 하늘은 감당할 수 있는 고난만을 준다고 하지 않았던가.

"김원명 선생님이 너의 담임 선생님이었지?"
초등학교 6학년 담임 선생님이신 김원명 선생님을 초등학교 소식지를 통해 찾게 되었다. 교장 선생님으로 계실 때 학교 소식지에 실린 선생님의 글을 보고 전주에 있는 친구가 전화를 해준 것이다. 나는 바로 학교에 전화해서 선생님을 찾을 수 있었다. 선생님을 찾고 얼마나 기뻤는지 모른다. 수화기 너머 목소리는 30년이 지났어도 그대로였다.

선생님들은 어떻게 그 많은 학생들을 기억하실까. 처음 뵈었을 때, 나의 어린 시절을 너무나 자세히 기억하고 계셔서 놀라웠다.
"영미는 글 쓰는 일을 하고 있을 거라 생각했어요."
우리 어릴 때 숙제는 일기를 쓰는 것이었다. 사실 그때 나는 어린 나이에 고민이 아주 많았다. 내성적인 성격에 친구들과 풀지 못한 고민을 매일 일기에 썼는데, 선생님께서는 그것을 기억해주셨다. 나는 내가 이렇게 글을 쓰게 될 줄 몰랐다. 그때 선생님 말씀이 씨앗이 된 것 같다. 대학 때 장학금을 받기 위해 학교신문사 일을 했지만, 글 재주가 있는 것은 아니어서 글 쓰는 일과 무관한 삶을 살고 있었다.

남편의 사별 소식을 듣고 전화하셔서 아버지처럼 위로해주신 선생님은 긴 위로의 편지와 함께 책을 한 권 보내주셨다. 선생님도 힘들었던 시절에 이 책이 많은 도움이 되었다고 하셨다. 선생님의 마음이 담긴 편지가 그 무엇보다도 위로가 되었다. 보내주신 에픽테토스(Epictetus)의 《삶의 기술》은 나에게 성경 다음으로 살아가는 데 도움이 되길 바란다고 하셨다.

처음 책을 읽었을 때는 철학적인 명상록이어서 글의 내용이 거의 들어오지 않았다. 나의 마음 상태가 폐허 같아서 추상적이고 공허하게만 들려졌다. 그런데 선생님 말씀처럼 곁에 두고 오래 반복해서 읽으니 어느새 글의 내용이 마음에 와닿고 많은 생각 속에 마음이 평온해졌다. 깨달음이 있었다. 무엇보다 삶과 죽음에 관한 깊은 명상이 그것이다.

삶에서 잃을 것은 아무것도 없다. 아무것도 우리는 잃지 않는다. 어떤 경우에도 "난 이러이러한 것을 잃었다"고 말할 것이 아니라 "그것이 제자리로 돌아갔다"라고 말하라. 그러면 넌 마음의 평화를 잃지 않을 것이다.

(중략)

따라서 그것들이 네 곁에 있는 동안에 그것들을 소중히 여겨라. 여행자가 잠시 머무는 여인숙의 방을 소중히 여기듯이.

– 에픽테토스의《삶의 기술》중

"네 곁에 있는 동안에 그것들을 소중히 여겨라." 삶의 기술에서 이 한 문장은 지나온 삶의 반성을 통해 현재를 어떻게 살아가는가의 질문을 준다. 지나간 일들을 반성하고 후회해도 돌이킬 수 없는 시간을 맞고 보니 나 또한 남은 날의 모래시계가 길지 않음도 깨닫게 된다. 그러니 과거에 매어 슬픔 속에 살 것이 아니라, 현재를 소중히 여기며 오늘을 살아야 한다.

그리 길지 않는 삶 속에서 사라져버릴 것에 얽매이지 않는 자유로움을 선택해야 한다. 영혼의 자유로움은 나에게 진정한 행복을 알게 한다. 이러한 마음은 생각의 훈련을 통해 근육이 서서히 자라듯 나를 변화하게 할 것이다. 어떠한 환경에도 내면에 부는 바람을 잠재울 수 있는 마음의 근육들이 쌓이게 될 것이다.

하늘에서 온종일 함박눈이 펄펄 내린다. 지난주에 내릴 때만 해도 눈을 치울 생각을 하지 않았다. 아니, 그동안은 눈이 오면 나는 들어가서 숨었다. 남편의 피가 눈길에 흩뿌려진 그날이 아직도 선명하게 나를 붙들었기 때문이다. 쌓인 눈들은 얼어붙어 꽃집에 들른 지인들이 치워주기 바빴다.

나는 오늘 아침 가게 앞부터 천천히 눈을 치우기 시작했다. 코끝에는 신선함과 온몸에 흐르는 따뜻한 기운이 흐른다. 상쾌했다. 빨간 볼을 하고 가게 앞과 다리까지 열심히 눈을 치웠다. 정면으로 마주한 현실이 그 어느 때보다 상쾌하고 새롭다. 때마침 지나가던 우체국 차량 운전자께서 창문을 열어 활짝 웃으며 인사해주었다. 나도 큰 소리로 인사했다.

깨끗하게 치우고 돌아보니 펄펄 내리는 눈이 또다시 쌓이기 시작한다. 드러난 좋지 못한 것들을 자꾸만 덮어주는 것 같다. 그렇게 온종일 눈을 치우고 또 치웠다. 나는 즐거웠다. 착한 사람이 된 것 같고, 어린아이가 된 것 같았다. 내 안의 불순물들을 모두 덜어내어 쌓인 눈 속에 비워낸 것 같다. 정말 가벼웠다.

비움과 덜어냄은 새로운 공간을 만들어낸다. 그 공간 속에 선
물처럼 찾아올 삶을 소중히 여기며 살고 싶다.

세상의 모든 것들은 피어나려는 에너지가 있다.
아픔을 견딘 그대, 봄의 꽃처럼 활짝 피어나라.

06
너는 충분히
향기롭다

〈한국일보에 실린 글〉

사랑하는 두 아들, 하민, 건민아!

아빠가 갑자기 세상을 떠난 뒤 일상회복이 어려웠던 엄마가 이제야 정신이 드는 것 같구나. 정신을 차리고 보니 혼자 되고 아픈 엄마를 돌보느라 정작 아빠를 잃은 슬픔도 억눌렀던 너희들에게 너무 미안했어. 추위에 약한 엄마를 위해 아빠가 항상 준비하던 뜨거운 물주머니부터 아빠가 해왔던 사소한 것까지 챙기지 않는 것이 없었지. 공부하며 저녁에는 과외 하며 어느 것 하나 소홀히 하지 않고 애쓰는 너를 너무 늦게 알아보았어. 너희들이 어떤 마음이었을지…. 이제 엄마도 스스로 잘 돌보며 건강하게 지내도록 노력할게. 어느새 훌쩍 어른이 되어버린 나의 사랑하는 두 아들, 고맙고 감사해. 아빠도 천국에서 엄마의 든든한 버팀목이 되어준 너희들을 보며 "역시 자랑스런 내 아들"이라며 흐뭇해하실 거야.

글을 쓰는 일을 하시는 지인이 아이들에게 들려주고 싶은 글을 써보라고 했다. 미안하고 고마운 마음을 담아 편지글을 써서 보냈는데, 신문에 실리게 되었다. 평범한 이 글을 쓰면서 얼마나 울었는지 모른다.

글쓰기에는 치유의 힘이 있다. 이렇게 마음을 글로 표현하는 것은 현실을 제대로 바라보고 생각을 집중하는 것이어서 글로 쓰는 순간, 내가 치유되고 있다는 것을 알 수 있었다.

아빠의 기일이 다가오니 아이들도 아빠에 대한 마음을 정리하는 것이 좋을 것 같아서 아이들에게 아빠를 추억하는 글을 써보자고 했다. 그랬더니 큰아들과 군에 있는 작은아들이 그날 밤 카카오톡 메시지로 글을 보내왔다.

〈큰아들이 보내온 글〉

> 아빠를 첫 휴가 때 마지막으로 보고 시간이 많이 지난 탓일까, 그렇게 장례를 마치고 군에서 생활하면서 나는 실감이 나지 않았다. 시간이 지나 다음 휴가 때는 아빠를 볼 수 있겠지. 전역하고 나면 아빠를 볼 수 있겠지. 아빠가 선교여행을 가셨을 때처럼 긴 여행을 다녀오면 볼 수 있겠지. 이런 생각을 군 생활 내내 무의식중에 한 것 같다. 그래서인지 가끔 꿈속에서 만나는 아빠는 일상적이기도 하고 미래에도 함께 있는 모습이기도 하다.

아빠에게 운전을 배웠다면, 아빠가 함께 가자고 했던 해외 선교 활동을 같이 했더라면, 내 마음이 조금 편했을까. 아빠가 얼마나 무언가를 나와 같이하고 싶어 했는지를 생각하면, 나는 참 무심했던 것 같다. 미안하고 많이 보고 싶다. 나와 우리 가족을 지켜보고 있을 아빠를 생각하니 나도 열심히 살아서 아빠처럼 베푸는 삶을 살고 싶다.

〈작은아들이 군에서 보내온 글〉

오늘 나는 마침 아빠 꿈을 꾸었다. 가끔 아빠 꿈을 꾸는 경우가 있는데, 매번 꿈 안에서의 나는 현실에서 아빠가 돌아가신 줄 모르는 상태에서 같이 행복한 시간을 보내곤 한다. 아빠가 나왔던 오늘 꿈은 매우 특이해서 내용을 따로 기록해두었는데, 꿈 내용은 이렇다.

엄마와 아빠가 같이 있었고, 엄마와 아빠의 친한 친구인 또 다른 부부가 있었다. 그 부부의 남편은 목사님이었고, 아내는 상담사였다. 먼저 목사님이신 남편분이 우리 가족을 위로해주는 시간이 있었고, 그다음 장면은 상담사이신 아내분이 나를 상담하는 장면이었다. 엄마, 아빠와 같이 있을 때는 감정을 꾹 참았는데, 따로 방에 들어가 상담할 때는 참았던 감정이 쏟아지며 펑펑 울고 있었다. 나는 엄마, 아빠한테 도움이 되지 못해 너무 미안하다, 부모님께 힘이 되고 싶은데 그게 잘 안된다고 이야기하면서 울고 있었던 것 같다. 잠에서 깨고 한참 동안 꿈에 대해 생각했었는데, 문득 2년 전에 했던 다짐이 기억났다.

장례식 때 흰 장갑을 끼고, 활짝 웃고 있는 우리 아빠 사진을 들고 걸으면서, 속으로 이렇게 다짐했었다.

"아빠, 아무 걱정하지 말고 천국에서 편하게 쉬어! 죽을힘을 다해 열심히 살아서, 우리 가족 다 잘 챙겨볼게."

아빠에게 다짐했듯이, 이후 내 삶의 1순위는 바로 우리 엄마였다. 당장은 나도 혼란스럽고 심란했지만, 아빠와 30년가량을 항상 함께했던 우리 엄마가 무너지지 않는 것이 무엇보다 중요했다. 그렇게 형이 전역하고 내가 입대하기까지 약 1년의 세월 동안 집에 꼭 붙어서 엄마와 많은 시간을 보내려고 노력했다. 가끔 티격태격하기도 했지만, 이 시간은 나 또한 정서적으로 안정되는 행복한 시간이었고, 인생에 있어서 많은 것들을 배우는 시간이기도 했다. 우리 엄마는 세상 그 누구보다 지혜롭고 인자한 사람이며, 자기 자신과 주변 사람들을 행복하게 만들어주는 꽃 같은 사람이기 때문이다. 엄마와 아빠의 아들로 태어나서 다시 한번 정말 정말 감사하다!

아빠와의 이별로부터 2년이 지난 지금, 우리 가족은 나름의 안정을 되찾고 다시 행복해지고 있다. 엄마도 건강이 많이 회복되었고, 여러 사람을 만나면서 긍정적인 에너지를 주고받으며, 한적한 저녁 시간에는 책상에 앉아 감사일기와 원고를 작성하는 등 행복한 일상을 보내고 있는 것 같다. 이러한 엄마를 보면서 나도 자연스럽게 치유되고, 행복해진다.

한편, 엄마는 내가 아빠에게 했던 다짐이 마음의 짐이 되지 않도록, 어느 정도 내려놓을 줄 알아야 한다고 하셨다. 이제부터는 아빠의 사진을 보면서 다시 마음을 독하게 먹는 것이 아닌, 이렇게 말하고 싶다.

"아빠, 나 잘하고 있지? 우리 다들 잘 지내! 항상 사랑하고 고마워!"

작은아들이 군에 입대하는 날, 나는 건강이 좋지 않았다. 엄마가 걱정되어서 집 근처에서 군 생활을 하고 싶다며 공군으로 지원했는데, 입대하는 날 진주훈련소로 가는 길을 배웅할 수 없었다. 사정을 아신 교회 장로님께서 나를 대신해서 데려다주시겠다고 했다.

"엄마! 잘하고 올 테니 걱정 마."

씩씩하게 떠났지만, 장로님 차 안에서 그동안 꾹 눌러 참아 왔던 울음을 쏟아냈다고 했다. 아픈 엄마를 두고 홀로 입대하는 뒷모습이 참으로 안쓰러웠다.

작은아들은 어린 시절부터 형을 우상으로 삼아서 형이 하는 일을 따라 하며 또래 아이들보다 여러 가지 면에서 빨랐다. 스스로 자신감이 생겨서인지 사교육 없이 좋은 성적으로 대학에 진학하게 되었다. 아빠는 작은아들이 원하던 명문대학에 합격한 것을 너무나 자랑스러워했다.

아빠가 돌아가시고, 의지하는 형은 군에 있는 상황에서 모든 장례절차부터 법적인 문제들은 갓 스무 살이 된 작은아들의 몫이었다. 그 많은 일을 너무나 순조롭게 처리했다. 그뿐만 아니라 그해 학과 수업을 전 과목 좋은 성적을 받아 교내 장학생으로 선발되었고, 운전면허를 취득해 꽃가게의 크고 작은 일들도 도왔다. 저녁 시간에는 과외를 하며 입대 전까지 많은 돈을 모았고, 방학 계절학기 수강으로 한 학기를 조기 졸업하겠다며 학점을 저축해놓기도 했다.

이런 시간을 보낸 아들이 잠재의식 속에 '엄마, 아빠에게 도움이 되지 못해 미안하다'라고 생각하고 있었다니…. 그동안 짐작만 했던 아들의 아픔을 고스란히 알게 되었다. 혼란스럽고 힘들었던 순간들을 잘 견뎌주어서 감사하다.

새해를 맞아서 우리 가족은 셋이 모여 한 해를 계획했다. 작은아들이 영어 공부나 진로를 말하는 것을 보고, 또래 친구들처럼 제자리로 돌아온 것을 느꼈다.
"아들, 엄마에 대한 걱정은 다 내려놓고 이제 너의 인생을 살아라!"

아빠는 없어도 우리에겐 함께한 시간이 있고, 이별의 아픔 속에서도 우리는 성장하고 있다. 지금을 사는 우리의 모든 것이 그 사랑의 결과라고 생각하니 그 또한 감사하다. 우리 가족은 각자 스스로의 치유를 거쳐 일상으로 돌아오고 있다.

한국일보 2022년 09월 16일 금요일 A25면 오피니언

사 랑 해 , 고 마 워

아빠도 엄마 챙기는 너희가 자랑스러울 거야

사랑하는 두 아들 하민, 건민아. 지난해 아빠가 갑자기 세상을 떠난 뒤, 일상회복이 어려웠던 엄마가 이제야 정신이 드는 것 같구나. 정신을 차리고 보니, 혼자되고 아픈 엄마를 돌보느라 정작 아빠 잃은 슬픔도 억눌렀던 너희들에게 너무 미안하더구나. 너희들이 어떤 마음이었을지… 엄마도 스스로 잘 돌보며 건강하게 지내도록 노력할게. 어느새 훌쩍 어른이 되어버렸지만, 엄마는 여전히 너희들을 세상 그 무엇보다 사랑한단다. 천국에서 아빠도 엄마를 지켜주는 대견한 너희들을 보시며 "역시 자랑스러운 내 아들들"이라며 흐뭇해하실 거야.

화성에서 엄마가

출처 : 한국일보

07
오늘이 마지막인 것처럼
서로 사랑하라

꽃가게 전면에 붙여놓은 "오늘이 마지막인 것처럼 서로 사랑하라"라는 글귀는 많은 사람들의 시선을 사로잡는다. 발걸음을 멈추고 생각에 잠기게 한다.

바쁜 일상 속에서 한 번쯤 우리의 유한한 삶에 대해 생각해 본다면, 그 순간이 가장 여유로운 시간이리라. 우리는 갈 때가 언제인지 알 수 없다. 하지만 오늘이 마지막이라 생각하며 늘 깨어 있을 수만 있다면, 우리는 시간을 소중히 여기며 살게 될 텐데, 더 사랑하며 살 텐데.

함박눈이 소복이 쌓인다. 올해는 유난히 눈이 많이 내린다. 논밭과 들녘, 그리고 저 한길까지 하얗게 소복이 쌓인다. 우리 가게 앞을 통과하던 차들이 좁은 눈길은 위험하니 저 멀리 돌아서 간다. 내리는 눈을 보고 있으니 하나둘 남편을 생각하는 사람들의 전화가 온다. 이맘때에 잊을 수 없게 꼭 눈이 내린다며 안부를 묻는다. 완도가 고향인 친구는 자연산 전복을 가져와 조용히 가게 앞에 두고 갔고, 어느 지인은 평소 좋아하던 빵을 한 보따리 사서 지나는 길이었다며 들르기도 했다.

지난 한 해를 돌아보니 남편의 1주기 추도예배 이후 많은 회복과 변화가 있었다. 1주기가 되었을 때, 남편을 잘 알고 평소 그가 존경했던 목사님께 추도예배를 부탁했다. 남편의 다른 형제들은 종교가 달랐지만, 함께 추모할 수 있는 의식이 필요했다.

추도예배 중에 각자 1년을 겪으며 느낀 자신의 마음을 이야기하는 시간이 있었다. 아빠와 동생, 남편을 추억하며 마음속 가득했던 생각을 꺼내놓으니 억눌렀던 아픔들이 풀어지는 것 같았다. 그동안 갇혀 있던 생각들을 말하면서 마음껏 울며 슬픔을 덜어내었다. 추도예배를 마친 다음 날, 눈을 떴을 때 한순간도 눈앞에서 떠나지 않았던 그날의 마지막 모습이 거짓말처럼 보이지 않게 되었다.

나는 조금씩 그 순간에서 벗어날 수 있게 되었다. 그렇게 다시 1년을 보내고 보니 그동안 나를 걱정하며 숨죽여왔던 다른 사람들이 눈에 들어오기 시작했다. 어릴 때부터 함께한 오랜 친구들, 가족보다도 더 가까웠던 동네 선후배들도 나와 같은 시간이 필요할 것 같아서 2주기를 맞아 함께 추억하는 시간을 갖고자 초대를 하게 되었다.

남편의 단짝 친구는 추도예배에 오면서 사진 한 장을 들고 왔다. 앨범을 정리하는데 남편과 찍은 사진이 너무 많았다고 했다. 가져온 사진은 스물한 살의 내가 남편을 처음 만난 그날의 사진이었다. 흑백사진 속에 그날의 이야기가 고스란히 남아 있었다.

1990년 5월, 광주의 어느 역 앞에서 교회 친구들과 찍은 사진 속 얼굴이 어제 본 얼굴인 듯 정겹고 풋풋하다. 찬란히 빛났던 우리들의 20대가 떠올랐다. 그날 광주에서의 무용담에 우리는 또 그 시절로 돌아가 한바탕 웃고 떠들었다.

각자의 마음에 새겨진 그를 불러내어 현실을 사는 자신에게 말을 걸고, 앞으로의 삶을 어떻게 살아야 할지 생각하는 시간이 되었다. 곁에 있는 듯 편안했다.

사춘기 아들로 마음고생을 해서인지 시름이 가득한 얼굴을 한 친구가 말했다.

"난 사실 천국에서 편히 있을 태환이가 부러워. 우리 모두는다 떠나잖아. 인생이 그리 길지 않아."

일하면서 어려움이 있을 때마다 남편이 형처럼 의지했던 선배도 잊지 않고 안부를 묻는 문자를 보내왔다.

"태환이 아우가 우리 곁을 떠난지도 벌써 2년이 되었네요. 아쉽고 보고 싶네요. 이제 더는 꿈에 나타나지 않는 것을 보니 천국 생활이 좋은 것 같네요. 제수씨와 아이들이 잘 견뎌내고 잘 지내주어서 감사합니다. 더욱 힘내서 열심히 살기를 바랍니다. 오늘 문득 태환 아우가 더 생각나네요."

행복의 크기는 고난의 깊이만큼이라고 한다. 이 말을 조금이나마 이해할 수 있을 것 같다. 고통을 수치로 환산할 수 있다면, 행복도 그에 비례하지 않을까. 아픔을 알았기에 평범한 일상이 얼마나 소중하고, 감사한 일인지 비로소 깨닫게 된다.

나에게 닥친 고난을 스스로 회복하고 극복하기 위해 나는 꽃집 일을 잘해내고자 몸을 써서 노력했고, 글을 쓰는 일로 마음을 다스렸다. 기억 속의 남편은 나에게 다른 인물 같았다. 기억 속 나 또한 다른 사람을 만나는 것 같았고, 나와 분리된 다른 인물을 보는 것 같았다. 그렇게 무대에 올려진 내 인생의 1막을 보았다. 돌아보며 나 자신도 몰랐던 나를 알아가는 시간이 되었다. 다시 사는 앞으로의 삶은 고통 속에서 길어 올린 깨달음으로 나는 좀 더 지혜롭게 살아가고 싶다.

우리에게 일어나는 크고 작은 많은 일들 속에 긍정적인 해석과 방향 전환은 마음먹기에 달렸다. 어떤 생각을 하고 있는가에 따라 현실은 그 생각대로 변해가기 때문이다. 인생에서 내가 원하지 않은 일이 닥쳐와도 어떤 일을 만나든지 나는 그것들로부터 배우고 성장한다. 단단한 내가 되어간다.

"나는 운이 좋은 사람이야"라고 말한다면, 우리는 삶 속에서 많은 행운을 만날 것이다. 삶의 여러 상황 속에서 무엇을 바라보고, 무엇을 생각하는지는 나의 선택에 달렸다. 친절한 누군가가 아무리 좋은 길을 안내해주어도 마음속에 가득한 생각이 방향을 틀게 한다. 그러니 긍정의 생각들로 마음속을 채워야 한다.

내가 채우고 싶은 마음속 가득한 생각은 무엇일까.
내가 원하는 삶이란 내 안에 가득한 사랑의 마음, 내 곁에 있는 소중한 사람들을 세상 마지막인 것처럼 사랑할 수 있는 넉넉한 마음으로 가득 채우며 살아가고 싶다.

08
꽃길을
걷는 중입니다

입춘이 되니 공기부터 다르다. 겨우내 움츠렸던 것들이 스멀 스멀 움직일 준비를 한다. 들녘에서는 하얀 연기가 피어나고 있다. 봄을 준비하기 위해 마른 풀들을 모아 불에 태우는 연기 다. 봄을 말하기는 아직 이르지만, 마음이 따스한 햇볕을 기다 린다.

예로부터 입춘에는 밝은 기운을 받아들이고 경사스러운 일 이 많기를 기원한다. 해가 바뀌고 철이 바뀌면 자연의 기운이 바뀐다. 자연의 밝은 기운을 받아 나도 내 인생의 흐름을 밝게 하고 싶다. 들녘의 마른풀들을 정리해 새로 씨 뿌릴 논밭을 준 비하듯이, 입춘을 맞아 나의 마음밭의 마른풀들을 걷어내어 고 르게 마음정리를 해본다.

 꽃보다 향기로운 날들

계절의 변화를 모르고 지나갔던 긴 시간을 지나 나는 봄을 맞을 준비를 한다. 하고 싶은 것들이 하나둘씩 생겨나니 마음도 부산하다. 처음 꽃집을 시작할 때, 열정적으로 할 수 있었던 것은 아무리 힘이 들어도 새벽 시간이면 수영을 하며 체력관리를 한 덕분이었다.

나는 최근 몇 년 동안 수영장에 가지 않았다. 그러나 다시 활력을 찾아야겠다는 나의 무의식이 먼저 말을 걸어온 듯, 지난밤에는 깊은 물속에서 수영을 하는 꿈을 꾸었다. 물속에서 잠행하듯 노니는데 현실보다도 더 현실 같은 감각적인 물속 체험이었다. 나는 금빛이 나는 물속에서 자유롭고 평온하게 수영을 했다.

계절의 변화를 통해 자연과 함께 사라지는 것과 그것에서 생겨나는 것들을 볼 수 있다. 극에 다다르면 되돌아오는 자연의 변화에서 끝은 항상 새로운 시작을 말한다. 자연은 사라짐과 생겨남의 일련의 과정을 반복한다.

사계절을 지나면서 꽃과 식물들은 성장을 하게 된다. 나무와 꽃들은 나에게 말을 걸어온다. 자연을 보고 배우라고 한다. 우리의 삶도 자연의 일부처럼 그러하다고, 살면서의 아픔과 고통은 성장의 자양분이 된다고, 통찰로 성장하게 한다. 긴 터널을 지나면 새로운 시작이 있음을 말한다.

《양화소록(養花小錄)》의 저자 강희안은 "화훼를 재배할 때는 그저 심지를 확충하고 덕성을 함양하고자 하는 것으로, 옛사람이 꽃과 나무를 키우는 뜻이 여기에 있다"라고 했다. 꽃과 나무를 통해 심신의 피로를 풀고, 내면의 덕을 쌓았던 옛사람의 지혜를 알 수 있다.

사람꽃농원에 산책길 손님들이 찾아 들어오기 시작했다. 나의 마음처럼 언 땅을 뚫고 나오는 봄기운이 꽃집으로 발걸음을 인도했을 것이다. 아직은 한참 겨울인데 마음이 먼저 봄을 맞는다. 겨우내 시들해진 화분의 분갈이도 하고 싶고, 빈 화분에 꽃도 심고 싶어진다.

농원에는 이 시기에 많이 찾는 꽃들을 준비해놓았다. 은은한 향기에 취하는 긴기아난, 환타지아, 온시디움, 죽은 듯한 알뿌리에서 꽃이 올라오는 히아신스, 수선화로 이른 봄을 옮겨놓았다.

꽃집에서 흔히 볼 수 있는 봄꽃 중에 앵초가 있다. 프리뮬러로 알고 있는 붉은 앵초꽃이 입춘을 맞은 오늘의 탄생화라 한다. 산과 들의 풀밭과 습지에서 잘 자라는 앵초의 야생품종을 개량한 것을 꽃집에서 초화로 만난다.

앵초라는 이름은 위에서 바라볼 때 벚꽃을 닮았다 해서 붙여졌는데, 한자의 앵두나무 앵이 벚꽃나무도 함께 지칭한다고 한다.

앵초는 봄에 가장 먼저 나오는 초화다. 음식에 예쁘게 장식해 식욕을 돋우는 꽃으로 사용되기도 한다. 야생 앵초는 땅 기운이 차가운 봄날에 매서운 꽃샘추위에도 불구하고, 습한 곳에서 꿋꿋이 피어나 강인함을 보여주기도 한다.

앵초꽃의 꽃말은 꽃의 모양이 열쇠를 닮았다 해서 '행복의 열쇠'라고 한다. 전해지는 이야기는 기독교가 들어오면서 이 꽃을 성모마리아에게 봉헌하면서 열쇠 꾸러미처럼 보이는 앵초꽃이 천국의 문을 여는 열쇠라고 믿었다고 한다. 아마도 붉은 십자가를 떠올리지 않았을까. 앵초꽃을 좋아하게 될 것 같다.

앵초는 초봄에 잠깐 보는 꽃이라 알고 있지만, 환경만 잘 맞으면 이른 봄부터 늦은 여름까지 예쁜 꽃을 오래 볼 수 있다. 추위에 강해 월동도 가능하다. 은은한 앵초의 향기를 생각하면

벌써 기분이 좋아진다. 올봄에는 행복을 가져다주는 앵초를 한 번 키워봐야겠다.

나태주 시인은 '앵초'라는 시를 통해 이 작은 앵초꽃을 '내 아기'라고 표현하기도 했다.

꽃을 모르고 플로리스트라는 직업을 선택한 나는 모르고 시작했기에 그동안 현장에서 부딪치면서 배웠다. 온종일 장사하면서 공부를 했지만, 배움에는 끝이 없었고, 성공하려면 꽃만 잘 알아서는 안 되었기에 때로는 지치고 힘이 들었다. 하지만 시간이 지나 오래 보고 자세히 들여다보니 꽃이 주는 감각과 감성도 알게 되었다.

켜켜이 쌓인 지나온 시간을 회상해보니 힘들었던 지난 시간은 남편과 함께했기에 어려움 없이 잘 견뎌올 수 있었던 것 같다. 남편은 마음껏 배우고 도전하도록 지지해준 든든한 버팀목이었다.

그의 생각과 흔적이 고스란히 새겨진 이곳에서 나는 오늘도 분주히 일하고 있다. 2주기의 기일이 입춘이고, 탄생화도 행복의 열쇠라는 앵초여서 여러 가지로 상념에 젖는 하루였다.

온종일 꽃향기를 맡으며 일할 수 있는, 사랑과 감성의 상징인 플로리스트라는 직업이 나는 좋다. 꽃이 좋아서 꽃과 함께

사는 인생이 즐겁고 행복하다. 나는 서두르지 않고 천천히 하려고 한다. 내 손이 닿는 곳에 행복이 있음을 알기에 나는 작은 것에도 정성을 다할 것이다.

가슴 뛰는 삶을 사는 사람들의 특징은 자신이 하는 일을 좋아한다는 것이다. 일하면서 기쁨과 희열이 있다면 그것은 즐기는 것이다.

좋아하는 일을 즐기며 살도록 꽃길을 걷게 해준 나의 사랑하는 남편, 김태환에게 감사하다.

우주에 존재하는 모든 생명은 피어나려는 에너지를 가지고 있다. 보기엔 한없이 작고 여린 꽃일지라도, 한기가 남아 있는 서늘한 땅에서 매서운 꽃샘추위마저 이겨내고 꿋꿋하게 피어난 강인한 존재들이다.

　마냥 좋은 일만 가득하길 바라는 마음에 '꽃길만 걸으라'지만, 꽃 입장에서는 마음 단단히 먹고 준비하라는 의미가 되기도 하는 것이다.

　저자는 꽃을 따라 걸으며 역경을 딛고 꽃처럼 강인한 사람이 되었다. 꽃 한 송이, 한 송이에서 행복을 마주하고 있다. 여기에 그치지 않고 자신의 이야기를 담담하게 풀어내며, 뒤따라올 사람들을 위한 길도 내어놓으려 한다.

　혹한에 움츠러든 사람들에게 이 책을 추천한다. 저자의 따뜻하고 소중한 기억들, 꽃 같은 이야기가 희망과 다독임을 가져다줄 것이다. 여기에 더해진 섬세한 표현들이 더 큰 울림을 줄 것도 분명하다. 부디 이 책을 통해 힘들고 지친 많은 이들이 활짝 피어나기를 바란다.

- 전 중소벤처기업부장관, 국회의원 권칠승

꽃보다 향기로운 날들

이 책의 작가인 김영미 권사는 사람꽃농원을 운영하는 꽃보다 아름다운 사람이다. 신앙인으로 자신의 삶을 꽃을 매개로 섬세하고, 아름답고, 담담하게 이 책에 담았다. 쉽게 흘려보낼 수 있는 삶의 여러 부분을 솔직하고, 잔잔하게 그려내고 있다. 작가가 직접 깨달은 삶의 여러 부분을 진솔하게 고백함을 통해, 독자들은 작가와 공감하며 자신의 삶도 돌아볼 수 있을 것이다.

　또한, 이 책은 행복이란 것이 어떤 것인지에 대한 다양한 생각을 제시한다. 행복의 출발은 감사이며, 자신과 마주하는 시간을 통해 어려움 가운데에서도 행복한 삶의 의미를 발견하게 된다. 이를 통해 독자들은 자신이 어떤 삶을 원하는지 다시 한번 생각해볼 수 있을 것이다.

　아울러 하나님을 믿는 신앙이 어떻게 삶의 여러 부분과 상황 속에서 영향을 끼치는지 작가의 고백을 통해 깨닫게 된다. 동일한 신앙의 여정에 있는 믿음의 지체들은 삶의 여러 어려움을 극복하고, 자신의 꿈을 이루며, 성장하는 과정에서 신앙이 어떤 역할을 하는지 충분히 공감할 수 있다. 누구나 겪을 수 있지만, 가슴 아픈 가족의 이별에 관한 이야기가 담겨 있다. 이 과정이 섬세하게 전개되어 있기 때문에 한번 읽으면 잊지 못할 깊은 인상을 남기게 된다.

　이 책은 행복과 삶, 아픔과 성장, 그리고 신앙에 대한 다양한 이야기가 담겨 있기에, 많은 이들에게 큰 감동을 안겨주리라 생각한다.

- 총신대학원 교수 박만규

 꽃보다 향기로운 날들

이 책의 저자 김영미 대표와 나의 인연은 41년 전인 1983년에 맺어졌다. 그때 나는 교육대학을 졸업한 후, 고향에서 10년을 근무하고 전주시로 발령을 받아 전주시 변두리에 자리한 팔복초등학교에 근무를 하게 되었다. 그곳에서 6학년 담임을 맡아 영미를 가르치는 선생님이 된 것이다.

나는 아이들에게 매일 일기 쓰기 숙제를 제시했다. 아이들의 대부분은 매일 일기 쓰는 것을 싫어했다. 숙제 검사를 할 때마다 나는 영미의 일기장을 읽어보았다. 영미는 글을 참으로 잘 썼다. 항상 표현이 진실하고 글의 서술이나 내용이 매끄럽게 전개되고 있었다. 그때마다 나는 칭찬의 글을 달아주곤 했다. 그때 나는 훗날 영미는 소설가나 극작가 또는 수필가나 시인이 될 충분한 잠재력이 있다고 믿었다. 그리고 성공을 기원했다.

30년의 세월이 흘러 내가 시내 초등학교의 교장으로 발령받아 근무하고 있을 때, 김영미 저자로부터 한 통의 전화를 받게 되었다. 너무도 반가웠다. 명랑하고 예의 바른 목소리는 초등학교 시절의 제자를 기억하는 데 걸림이 없었다. 경기도 화성에서 꽃집을 운영하고 있다고 했다.

그 후부터 영미는 매년 5월 스승의 날이 오면 나에게 꽃을 보내주었다. 교직 생활 41년을 하면서 1,000명 가까운 제자들이 있었는데, 스승의 날 꽃을 선물해주는 제자는 영미 한 사람뿐이었다. 참으로 감격스러웠다. 사진으로 찍어 가족과 친구들에게 자랑했다. 평생 교사로서 살아온 보람을 느끼는 참으로 뜻깊은 일이었다.

해마다 어김없이 스승의 날이 되면 꽃을 보내주는 영미가 전주에 온다는 소식을 듣고 저녁에 함께 식사할 시간을 마련했다. 참으로 오랜만의 만남이었다. 초등학교 시절에 만나고 이제 성인이 되어 만난 것이다. 밝고, 화사하고, 명랑하고, 꽃처럼 환하게 웃으면서 지난 초등학교 시절을 회상하면서 대화를 나누었다. 정말 행복한 시간을 보내고 헤어졌다.

겨울의 어느 날, 다른 제자로부터 영미의 남편이 교통사고로 유명을 달리했다는 소식을 접했다. 그때 나는 정말 큰 충격을 받았다. 그토록 밝고, 착하고, 꽃처럼 아름다운 제자에게 하나님께서는 왜 시련을 주시는 것일까? 코로나로 조문을 갈 수가 없어 위로의 전화만 했다. 나는 그저 영미가 이 큰 슬픔과 어려움을 잘 이겨내어 삶을 좀 더 성숙하게 살아갈 수 있도록 주님께서 인도해주시길 간절하게 기도할 뿐이었다.

2023년 3월, 김영미 저자로부터 전화가 왔다. 그동안 자신이 겪은 어려움을 극복하기 위해 노력하는 과정을 담은 한 권의 책을 내고 싶다고 했다. 나는 그 원고를 메일로 받아 두 번이나 읽고 역경을 이겨낸 김영미 제자에게 크게 감동했고, 나의 하나님께 감사의 기도를 드렸다. 그렇게 이 책에 추천의 글을 쓰게 되었다.

사람들은 살아가면서 크고 작은 어려움과 고통을 맞이하게 된다. 그때 그 시련과 역경을 어떤 생각과 마음으로 극복해 더 큰 희망과 행복을 키울 수 있는가가 매우 중요하다고 생각한다.
이 책에서는 새로운 삶을 살기 위해서는 자기 자신을 변화시켜야만 한다고 했고, 나를 사랑하는 것처럼 세상 모든 사람과 모든 것을 사랑해야 한다고 말하고 있다. 그렇게 해야만 극복할 수 있다고 말하고 있다. 어려서부터 보통 사람들이 겪은 것보다 훨씬 더 많은 시련과 고통과 어려움을 극복하고 오늘에 이르기까지 어떻게 살아왔는가를 이 책을 통해서 우리에게 말해주고 있다. 책 읽기와 명상, 새벽기도, 그리고 글쓰기와 쉴 틈 없이 사람들을 만나고 사랑과 행복을 나누며 살아가고 있음을 알 수가 있었다.

저자는 꽃을 팔았지만 다른 이들처럼 돈벌이나 취미로 꽃을 판 사람이 아니었다. 꽃보다는 꽃을 사러 오는 사람들을 항상 먼저 생각하고, 그 꽃 속에 사랑과 믿음과 진심과 정성을 담아서 꽃과 함께 건네주었다. 꽃보다 먼저 사람을, 그리고 그 꽃 속에서 우리가 살아가는 데 필요한 희망과 행복을 함께 넣어 포장해주었다.

이 책을 읽고 있노라면 나도 모르게 꽃을 사랑할 수 있을 것 같다. 그리고 사람꽃농원을 방문해 꽃 속에 담긴 소중한 우리들의 이야기를, 삶에 필요한 행복과 희망을 함께 사 가지고 오고 싶은 마음이 절로 솟아나리라 생각되었다.

이제 저자는 한 차원 높은 삶을 살고 있다고 생각한다. 이 책을 통해 앞으로 그는 꽃과 함께 세상 모든 사람에게 행복을 선물하는 행복 전도사가 될 수 있다고 믿는다. 그리고 어둠과 절망 가운데에 있는 많은 사람에게 이 책을 통해서 그가 극복했던 노력을 함께한다면 결코 극복하지 못할 어려움은 없을 것 같다. 나 또한 이 책을 통해서 삶의 새로운 빛을 보는 듯해서 한없이 행복해진다.

사람꽃농원의 김영미 저자의 행복이 이 책과 함께 널리 널리 퍼져서 온 세상이 꽃처럼 아름답게 될 수 있기를, 또 앞으로 더 좋은 글과 책으로 빛을 발할 수 있기를 기원하면서《꽃보다 향기로운 날들》의 책 출간을 진심으로 축하한다.

- 저자의 은사, 전주문학초교 교장 역임 김원명

 꽃보다 향기로운 날들

책을 통해서 저자가 어렸을 때 극심한 가난 속에서 결혼 전까지 성장했다는 사실과 사업 초기 보증금을 잃게 되었던 일, 좋은 위치의 사업장을 얻었지만 개발의 기대감으로 권리금과 이사비용 없이 주인에게 내쫓게 된 사실을 알게 되었는데 전혀 뜻밖이었다. 왜냐하면 권사님의 얼굴과 언어에서는 풍요한 가정에서 사랑을 많이 받고 자란 것처럼 느껴졌고, 현재 사람꽃농원도 별 어려움이 형통하게 일구어낸 결과물처럼 보였기 때문이다.

　저자는 우리교회에서 분립 개척했을 때 함께한 신실한 권사이다. 남편을 잃은 슬픔을 겪고, 다리에 종양이 있어 걷기가 불편해서 여성 혼자서 사업을 하기 어려운 상황임에도 하나님이 주시는 진정한 복(마카리오스)을 누리고, 하나님의 위로를 받으셨기에 많은 사람들에게 복을 나누어주고 맡겨진 일을 잘 감당하고 계심을 보게 된다. 누구보다 부지런하고 매 순간 자신의 계발을 위해 노력하며 예수님을 닮아가는 그 모습에 많은 덕과 본을 끼치고 있다.

　이 책을 통해 힘들고 어려운 가운데 살아가시는 많은 분에게 삶의 진정한 복이 무엇인지 깨닫고, 소망이 생겨나 현재의 모든 고난을 극복하리라 기대하기에 추천한다.

- 행복한 우리교회 우태규 목사

꽃을 파는 김영미 대표는 본인이 행복을 파는 사람이라고 했다. '꽃이 행복인가?'라는 단순한 궁금증으로 책을 펼쳤다. 켜켜이 쌓인 소소한 이야기들을 지나 김 대표의 인생을 마주하고 나니 행복을 파는 사람이라는 말에 공감하게 되었다.

　행복을 돈으로 살 수 있다면 얼마를 주어야 할까. 하루의 행복은 얼마, 한 달의 행복은 얼마, 이런 식으로 값이 매겨질까. 김영미 대표는 말한다. 행복은 내 안에 있고, 스스로 정하는 것이라고. 간호사로 남들을 도왔고, 꽃으로 남들을 도우며 살아온 삶의 기록은 저자 본인을 위로했고, 곧 나의 위로가 되었다.

　행복은 나와 현실을 있는 그대로 인정하는 것에서 출발한다. 꽃을 파는 행복한 사람은 꽃이 돈이 아닌, 꽃을 꽃 그 자체로, 나아가 꽃을 받는 사람이 좋아하는 모습으로 본다. 대상을 그 자체의 아름다움 너머의 목적을 바라볼 수 있는 마음 상태, 그것이 행복이 아닐까.

　내일 아침에 눈을 뜨면, 산책을 해야겠다 다짐해본다. 바람, 꽃, 나무, 햇살에 감사할 수 있을 것 같다.

- 화성시장 정명근

꽃보다 향기로운 날들

김영미 플로리스트를 처음 보았을 때의 웃음소리가 생생하다. 지금도 귓가에 맴도는 듯하다. 청아하고 맑은 모습과 긍정적인 마인드는 함께 공부하는 팀에 활력을 주는 그런 사람이었다. 프랑스 연수를 함께하며 오랜 시간 생활하면서 '당신은 언제나 행운이 따르는 것 같다'라는 생각을 했다. 그런데 어느 날 갑자기 닥친 질병과 남편의 사고 소식은 나의 가슴을 무너지게 했다.

"저는 이제 어떻게 살아야 해요?"
"꽃일 하면서 살아내야지."

예전의 그 모습을 어서 찾기를 바랐는데, 그 바람대로 잘 회복하고 스스로 행복을 찾으며 행복을 부르는 삶을 사는 것 같아서 마음 다해 응원한다. 현실을 인정하고 가진 것에 감사하는 삶에 박수를 보낸다.

- 전국트랜드리더스클럽 원장 권문정

  모든 사람에게는 가슴에 새겨져 있는 이야기가 있고, 우리는 오늘 그중 한 편을 이 책을 통해 보게 되는 행운을 가졌다. 행복을 찾고 있는 사람들이 이 책을 통해 이미 와 있는 행복을 발견하게 될 것 같은 예감이 드는 것은 저자의 인생 스토리가 너무 찐해서일 것이고, 진정과 긍정의 에너지가 흘러넘쳐서 그럴 것이다.

- 생활 여행 전문가 한정수

꽃보다 향기로운 날들

사람이 꽃이다

시인 백남구

바람꽃 장미 백합 안개꽃 맨드라미
하고 많은 꽃 가운데
예쁜 꽃 따로 있고, 미운 꽃 따로 있으랴.
저마다 다른 빛깔로
저마다 다른 사연으로
웃음꽃도 되고, 말하는 꽃도 되지.

한 송이 한 송이 정성이 담기면
위안이 되고.
한 아름 꽃에 진심이 얹히면
기쁨이 되지.

꽃은 져도 마음은 남아
반드시 오고야 말 행복*
무성하게 피어나리.

이 꽃 저 꽃 아름다워도
꽃처럼 향기 뿜는
그 사람이 꽃이지.

* 마리골드 꽃말

꽃보다 향기로운 날들

제1판 1쇄 2023년 9월 1일
제1판 2쇄 2023년 10월 13일

지은이 김영미
펴낸이 최경선 **펴낸곳** 매경출판㈜
기획제작 ㈜두드림미디어
책임편집 최윤경, 배성분 **디자인** 디자인 뜰채 apexmino@hanmail.net
마케팅 김성현, 한동우, 구민지

매경출판㈜
등 록 2003년 4월 24일(No. 2-3759)
주 소 (04557) 서울시 중구 충무로 2(필동 1가) 매일경제 별관 2층 매경출판㈜
홈페이지 www.mkbook.co.kr
전 화 02)333-3577
이메일 dodreamedia@naver.com(원고 투고 및 출판 관련 문의)
인쇄·제본 ㈜M-print 031)8071-0961
ISBN 979-11-6484-600-9 (03190)